星云法语 10

生活·读书·新知 三联书店

欢喜满人间

慈悲

星云大师 著

Copyright © 2015 by SDX Joint Publishing Company
All Rights Reserved.
本作品版权由生活·读书·新知三联书店所有。
未经许可,不得翻印。
本书由上海大觉文化传播有限公司独家授权出版中文简体字版。

图书在版编目(CIP)数据

欢喜满人间:慈悲/星云大师著.—北京:生活·读书·新知三联书店,2015.5
(星云法语)
ISBN 978-7-108-05241-4

Ⅰ.①欢… Ⅱ.①星… Ⅲ.①佛教－人生哲学－通俗读物 Ⅳ.①B948-49

中国版本图书馆 CIP 数据核字(2015)第 020345 号

责任编辑	罗　康
封面设计	储　平
责任印制	卢　岳　张雅丽
出版发行	生活·讀書·新知 三联书店
	(北京市东城区美术馆东街 22 号)
邮　编	100010
印　刷	三河市嘉科万达彩色印刷有限公司
版　次	2015 年 5 月北京第 1 版
	2015 年 5 月北京第 1 次印刷
开　本	880 毫米×1230 毫米　1/32　印张　7.75
字　数	166 千字
印　数	00,001—12,000 册
定　价	28.00 元

总序　十把钥匙

星云大师

　　《星云法语》是我在台湾电视公司、"中国电视公司"、"中华电视公司"三十年前的"三台时代",为这三家电视台所录像的节目。后来在《人间福报》我继《迷悟之间》专栏之后,把当初在三家讲述的内容,再加以增补整理,也整整以三年的时间,在《人间福报》平面媒体与读者见面。

　　因为我经年累月云水行脚,在各地的佛光会弘法、讲说,断断续续撰写《星云法语》,偶有重复,已不复完全记忆。好在我的书记室弟子们,如满义、满观、妙广、妙有、如超等俄而提醒我,《人间福报》的存稿快要告罄了,由于我每天都能撰写十几则,因此,只要给我三五天的时间,我就可以再供应他们二三个月了。

　　像这类的短文,是我应大家的需要在各大报纸、杂志上刊登,以及我为徒弟编印的一些讲义,累积的总数,已不下两千万字了。《星云法语》,应该说是与《迷悟之间》、《人间万事》同一性质的短文,都因《人间福报》而撰写。承蒙读者鼓励,不少人希望结集成书,香海文化将这些文章收录编辑,文字也有百余万字,共有十集,分别为:一、精进;二、正信;三、广学;四、智慧;五、自觉;六、正见;

七、真理;八、禅心;九、利他;十、慈悲。

　　这套书在《人间福报》发表的时候,每篇以四点、六点,甚至八点阐述各种意见,便于记忆,也便于讲说,有学校取之作为教材。尤其我的弟子、学生在各处弘法,用它作为讲义,都说是得心应手。

　　承蒙民视电视台也曾经邀我再比照法语的体裁,为他们多次录像,并且要给我酬劳。其实,只要有关弘法度众,我都乐于结缘,所以与台湾的四家无线电视台都有因缘关系。而究竟《星云法语》有多大的影响力,就非我所敢闻问了。

　　承蒙知名学者李家同教授、洪兰教授、台中胡志强市长,以及善女人赵辜怀箴居士,为此套书写序,一并在此致谢。

　　是为序。

于佛光山开山寮

推荐序一　宗教情怀满人间

李家同

星云大师的最新著作《星云法语》十册套书,香海文化把部分的文稿寄给我,邀我为序。8月溽暑期间,我自身事务有些忙碌;但读着文稿里星云大师的话,却能感觉到欢喜清凉。

《星云法语》里面有一篇我很喜欢,其中写道:"要有开阔包容的心胸、要有服务度生的悲愿、要有德学兼具的才华、要有涵养谦让的美德。"

多年来我从事教育工作,希望走出狭义的精英校园空间,真正帮忙各阶层弱势学生。看着莘莘学子,我想我和星云大师的想法很接近吧,就是教育一定要在每个角落中落实,要让最弱势的学生,能个个感受到不被忽略、不受到城乡资源差别待遇。

青年教育的目的,不就是教育工作者,希望能教养学生,成为气度恢弘的国民吗?

为勉励青年,星云大师写下"青年有强健的体魄,应该发心多做事,多学习,时时刻刻志在服务大众,念在普度众生,愿在普济社会"。

星云大师的话,让我想起《圣经》里的箴言:

"有了信心,又要加上德行;有了德行,又要加上知识;有了知识,又要加上节制;有了节制,又要加上忍耐;有了忍耐,又要加上虔敬;有了虔敬,又要加上爱弟兄的心;有了爱弟兄的心,又要加上爱众人的心。"(《圣经·彼得后书》)

宗教情怀,就是超越一切的普济精神。人间的苦难,如果宗教精神无以救济,那么信仰宗教毫无意义。不论是佛陀精神,或是基督精神,以慈爱的心处世,我想原则上没有什么不同。尤其是青年人,更应细细体会助人爱人的真谛,在未来起着社会中坚的作用。这样,我们现在办的教育,才真正能教养出"德学兼具"的青年,让良善能延续,社会上充满不汲汲于名利,助人爱人的和谐气氛。

香海文化出版的《星云法语》,收录了精彩法语共计1080篇,每一篇均意味深长,适合所有人用以省视自己,展望未来。"现代修行风"不分基督、佛陀,亲切的圣人教诲,相信普罗大众都很容易心领神会。

如今出版在即,特为之序。

(本文作者为台湾暨南大学教授)

推荐序二　安心与开心

洪　兰

在乱世,宗教是人心灵的慰藉,原有的社会制度瓦解了,一切都无法制、无规章,人民有冤无处伸,只有诉诸神明,归诸天意,以求得心理的平衡。所以在东晋南北朝时,宗教盛行,士大夫清谈,把希望寄托在另一个世界。历史证明那是不对的,这是一种逃避,它的结果是亡国。智者知道对现实的不满应该从改正不当措施做起,众志可以成城,人应该积极去面对生命而不是消极去寄望来生。星云大师就是一个积极入世的大师,他在海内外兴学,风尘仆仆到处弘法,用他的智慧来开导世人,他鼓励信徒从自身做起,莫以善小而不为,当每个人都变好时,这个社会自然就好了。这本书就是星云大师的话语集结成册,印出来嘉惠世人。

人在受挫折、有烦恼时,常自问:人生有什么意义,活着干什么?大师说,人生的意义在创造互惠共生的机会,这个世界有因你存在而与过去不同吗?科学家特别注重创造,就是因为创造是没有你就没有这个东西,没有莫扎特就没有莫扎特的音乐,没有毕加索就没有毕加索的画,创造比发现、发明的层次高了很多,人到这个世上就是要创造一个双赢的局面,不但为己,也要为人。英文谚语有一句：Success is when you add the value to yourself. Significance is when you add the value to others. 只有对别人也有利时，你的成功才是成功。所以大师说，生命在事业中，不在岁月上；在思想中，不在气息上；在感觉中，不在时间上；在内涵中，不在表相上。这是我所看到谈生命的意义最透彻的一句话。

挫折和灾难常被当作上天的惩罚，是命运的错误；其实挫折和灾难本来就是人生的一部分，不经过挫折我们不会珍惜平顺的日子，没有灾难不会珍惜生命。人是高级动物，是大自然中的一分子，不管怎么聪明、有智慧，还是必须遵行自然界的法则，所以有生必有死，完全没有例外。但是人常常参不透这个道理，历史上秦始皇、汉武帝这种雄才大略的人也看不到这点，所以为了求长生不老，倒行逆施，坏了国家的根基，反而是修身养性的读书人看穿了这点。宋代李清照说"今手泽如新，而墓木已拱……然有有必有无，有聚必有散，乃理之常。人亡弓，人得之，又胡足道"。看透这点，一个人的人生会不一样，既然带不走，就不必去收集，应该想办法去用有限的生命去作出无限的功业。

一个入世的宗教，它给予人希望，知道从自身做起，不去计较别人做了什么，只要去做，世界就会改变。最近有法师用整理回收物的方式带信徒修行，他不要信徒捐献金钱，但要他们捐献时间去回收站做义工，从行动中修行。我看了这个报道真是非常高兴，因为研究者发现动作会引发大脑中多巴胺（dopamine）这个神经传导物质的分泌，而多巴胺跟正向情绪有关，运动完的人心情都很好，一个跳舞的人即使在初跳时，脸是板着的，跳到最后脸一定是笑的。所以星云大师劝信徒，从动手实做中去修行是最有效的修行，对自己对社会都有益。

在本书中,大师说生活要求安心,心安才能体会人生的美妙,才听得到鸟语,闻得到花香,所以修行第一要做到心安,既然人是群居的动物,必须要和别人往来,因此大师教导我们做人的道理,列举了人生必备的 10 把钥匙,书的最后两册是要大家打开心胸,利他与慈悲,与一句英谚 You can give without loving, you can never love without giving 相呼应。不论古今中外,智者都看到施比受更有福。

希望这套书能在目前的社会中为大家浮躁的心灵注入一股清泉,人生只要心安,利人利己地过生活,在家出家都一样在积功德了。

(本文作者为台湾阳明大学神经科学研究所教授)

推荐序三 法钥匙神奇的佛

胡志强

星云大师,是我一直非常尊敬与佩服的长者。

长久以来,星云大师所领导主持的佛光山寺与国际佛光会,闻声救苦,无远弗届,为全球华人带来无尽的希望与爱。

大师的慈悲智慧与宗教情怀,让许多人在彷徨无依时,找到心灵的依归。另一方面,我觉得大师潇洒豁达、博学多闻,无论是或不是佛教徒,都能从他的思想与观念上,获得启迪。

星云大师近期出版的《星云法语》,收录了大师1080篇的法语,字字珠玑,篇篇隽永。

我很喜欢这套书以"现代佛法修行风"为诉求,结合佛法与现代人的生活,深入浅出地阐释。尤其富有创意的是,以十册"法语"打造了十把"佛法钥匙",打开读者心灵的大门,带领我们从不一样的角度,去发现与体会生活中的点点滴滴。

以《旅游的意义》这篇文章为例:

"……就像到美国玩过,美国即在我心里;到过欧洲度假,欧洲也在我心里,游历的地区愈丰富,就愈能开阔我们的心灵视野。

当我们从事旅游活动时,除了得到身心的纾解,心情的愉悦之外,还要进一步获得宝贵的知识。除了外在的景点外,还可以增加一些内涵,作一趟历史文化探索之旅,看出文化的价值,看出历史的意义。

比方这个建筑是三千年前,它历经什么样的朝代,对这些历史文化能进一步赏析后,那我们的生命就跟它连接了。"

"我们的生命就跟它连接了"这句话,让我印象十分深刻,生动描述了"读万卷书,行万里路",正是一种跨越时空的心灵宴飨。

在《快乐的生活》一文中,大师指点迷津。他说:"名和利,得者怕失落,失者勤追求,真是心上一块石头,患得患失,耿耿于怀,生活怎么能自在?"

因此"身心要能健康,名利要能放下,是非要能明白,人我要能融和"。

在《欢喜满人间》这篇文章中,大师指出:人有很多心理的毛病,例如忧愁、悲苦、伤心、失意等。佛经形容人身难得如"盲龟浮木",一个人在世间上一年一年地过去,如果活得不欢喜,没有意义,那又有什么意思?如何过得欢喜、过得有意义?

他提出几点建议:"要本着欢喜心做事,要本着欢喜心做人,要本着欢喜心处境,要本着欢喜心用心,要本着欢喜心利世,要本着欢喜心修行。"

看到此处,我除了一边检视自己在日常生活中做到了多少?另一方面,也希望把"欢喜心"的观念告诉市府同仁,期许大家在服务市民时认真尽责之外,还能让民众体会到我们由衷而发的"欢喜心"。

而《传家之宝》一篇中所提到的观点,也让为人父母者心有戚戚焉。

大师说：一般父母，总想留下房屋田产、金银财富、奇珍宝物给子女，当作是传家之宝；但是也有人不留财物，而留书籍给予子女，或是著作"家法""庭训"，作为家风相传的依据。乃至禅门也有谓"衣钵相传"，以传衣钵，作为丛林师徒道风相传的象征。

他认为"传家之宝"有几种：包括宝物、道德、善念与信仰。到了现代，书香、善念、道德、信仰更可以代替钱财的传承，把宗教信仰传承给子弟，把善念道德传给儿孙，把教育知识传给后代。

"人不能没有信仰，没有信仰，心中就没有力量。信仰宗教，如天主教、基督教、佛教等，固然可以选择，但信仰也不一定指宗教而已，像政治上，你欢喜哪一个党、哪一个派、哪一种主义，这也是一种信仰；甚至在学校念书，选择哪一门功课，只要对它欢喜，这就是一种信仰。有信仰，就有力量，有信仰，就会投入。能选择一个好的宗教、好的信仰，有益身心，开发正确的观念，就可以传家。"

细细咀嚼之后，意味深长，心领神会。

星云大师一千多篇好文章，深刻而耐人寻味，我在此只能举出其中几个例子。很感谢大师慷慨分享他的智慧结晶，让芸芸众生也有幸获得他的"传家之宝"。

在繁忙的生活中，每天只要阅读几篇，顿时情绪稳定、思考清明、心灵澄静。有这样的好书为伴，真的"日日是好日"！

（本文作者为台中市市长）

推荐序四　人生的智慧和导航

赵辜怀箴

我一直感恩自己能有这个福报,多年来能跟随在大师的身边,学习做人和学习佛法。每一次留在大师身边的日子里,都可以接触到许多感动的心,和感动的事;每一次都会让我感觉到,这个世界真的是非常的可爱。

大师说:他的一生就是为了佛教。这么多年来,大师就这样循循地督促着自己,为此,马不停蹄地一直在和时间做竞跑。大师的一生,一向禀持着一个慈悲布施、以无为有的胸怀,做大的人,做大的事。如果想要问大师会不会和我们一样斤斤计较?我想他唯一真正认真计较的事,就是,对每一天的每一分和每一秒吧!

在大师的一生里,大师从来不允许自己浪费任何一分一秒的时间;无论是在跑香、乘车、开会、会客或者进餐;大师永远都是人在动,心在想,手在做,眼观六路,耳听八方,把1分钟当10分钟用;在高效率中不失细腻,细腻中不失大局,大局中不失周全;周全里,充满了的是大师对每一个人无微不至的关怀和体贴。

大师自从出家以来,只要是为了弘法,大师从来不会顾及自己的健康和辛苦,数十年如一日,南奔北走,不辞辛劳地到处为信徒开示演讲；只要有多余的时间，大师就会争取用来执笔写稿；年轻时也曾经为了答应送一篇文稿给出版社，连夜乘坐火车，由南到北。大师从年轻时就非常重视文化事业，大师也坚信用文字来度众生的重要。大师一生一诺千金，独具宏观，不畏辛苦，忍辱负重，在佛教界树立了优良的榜样，对现代佛教文化事业得以如此的发达，具有相当肯定的影响力。到目前为止，大师出版的中英文书籍，已经不下数百本。

记得在20世纪60年代的时候，大师鉴于电视弘法不可忽视的力量，即刻决定要自己出资，到电视公司录制作晚上8点档的《星云法语》，使其成为台湾第一个在电视弘法的节目。我记得大师的《星云法语》是在每天晚间新闻之后立即播出，播出的时间是5分钟，节目的制作，既"精"又"简"。节目当中，配合着简单明了的字幕，听大师不急不缓地娓娓道来，让观众耳目一新，身心受益。

这个节目播出之后，立即受到广大观众的喜爱和回响。大师告诉我，在节目播出之后不久，由于收视率很好，电视公司自动愿意出资，替大师制作节目；大师从此不但有了收入，也因此多了一个电视名主持人的头衔。这个《星云法语》的电视节目，也就是今天所出版的《星云法语》的前身。

佛光山香海文化公司精心收录的《星云法语》即将出版。这一条佛法的清流，是多年来星云大师为了这个时代人心灵的需求，集思巧妙地运用生活的佛教方式，传授给我们无边的法宝。每一篇，每一个法语，星云大师都透过对细微生活之间的体认，融合了大师在佛法上精深的修行智慧。深入浅出地诠释，高明地把佛法当中的精要，很自然地交织在生活的细致之间，用生活的话，明白地说出现代佛法的修行风范,让读者有如沐浴在法语春风之中的感觉,很自然地呼吸着森林里散发出来的清香,在每一个心田里默默地深耕着。等待成长和收割的喜悦,沐浴着太阳和风,是指日可待的。

今承蒙香海文化公司的垂爱,赐我机会为《星云法语》套书做序,让我实在汗颜;几经推辞,又因香海文化公司的盛情难却,只有大胆承担,还请各位前辈、先学指正。我在此恭祝所有《星云法语》的读者,法喜充满。

(本文作者为国际佛光会世界总会理事)

目 录

卷一 欢喜满人间

快乐哪里来 / 3
快乐的根源(一) / 5
快乐的根源(二) / 7
快乐的根源(三) / 9
乐之源 / 11
快乐的来源 / 13
快乐的生活 / 15
休闲的生活 / 17
参访旅行的价值 / 19
旅游的意义 / 21
欢喜满人间 / 23
快乐偈 / 25
贫富贵贱 / 27
平安富贵 / 30

各种富有 / 32
富之源 / 34
富贵之源 / 36
幽默是什么? / 38
退一步看 / 40
动气的缺陷 / 42
喜怒哀乐 / 44
耐烦的好处 / 46
和谐 / 48
美言 / 50
如何说话 / 52
会说话的要领 / 54
忠言如良药 / 56
语言的因果 / 58

如何听话 / 60

说话之妙 / 62

说话（一）/ 64

说话（二）/ 66

说话（三）/ 68

说话（四）/ 70

说好话 / 72

声音 / 74

声音的力量 / 76

不可说的话 / 78

微笑 / 80

卷二　传家之宝

爱的种类 / 85

爱的力量 / 87

什么是爱 / 89

爱与恨 / 91

惜福与自爱 / 93

怎样慈爱？/ 95

爱 / 97

感情 / 99

友谊 / 101

庆生 / 103

饮食观 / 105

真正的补品 / 107

家之为用 / 109

家的两字真言 / 111

好的家长 / 113

家庭和谐的条件 / 115

传家之宝 / 117

择偶的条件 / 119

夫妇的"互相" / 121

夫妻相处 / 123

女性之美（一）/ 125

女性之美（二）/ 127

女性之德 / 129

现代女性 / 131

化妆之术 / 133

家庭聚宝盆 / 135

和乐家庭 / 137

齐家格言 / 139

儿女教育 / 141

儿童的教育 / 143

知书达礼 / 145

礼 / 147

成年礼 / 149
青年人的毛病 / 151
如何面对空巢期 / 153
面对老病 / 155

退休的春天 / 157
长寿歌 / 159
长寿之要 / 162

卷三　幸福之门

祥和之气 / 167
幸福之门 / 169
惜福之方 / 171
福寿富贵 / 173
圆满的社会 / 175
和乐的社会 / 177
文明社会 / 179
福祸哀乐 / 181
宁静致远 / 183
真正的享受 / 185
世间之胜 / 187
世间之宝 / 189
善美的特质 / 191
无欲 / 193
一定少 / 195

节制的益处 / 197
诚实的重要 / 199
何者为耻 / 201
何谓"真" / 203
勇者的气度 / 205
勇者之钥 / 207
小错成大过 / 209
安贫乐道 / 211
节制的好处 / 213
不要记恨 / 215
学教成事 / 217
如何增加气质 / 219
不后悔的要诀 / 221
处贫富贵贱时 / 223
忍之美 / 225

卷一 欢喜满人间

快乐要经过勤劳努力,才能获得,
没有牺牲奉献的精神与实践,
就无法体会真正的快乐。

快乐哪里来

每个人都希望追求快乐,但快乐要从哪里来?有人以为"读万卷书,行万里路"才能快乐;有人以为享受吃喝玩乐、佩戴罗绮珠翠、保持玉貌身颜才是快乐;有人以为丰衣足食、名利双收,就是快乐……但是,这些都有消失的一天,真正的快乐究竟从哪里来呢?以下提供四点意见:

第一,快乐从尊重中来

《大智度论》说:"视他妇如母,见他财如火,一切如亲亲,如是名等见。"人我之间,多一分尊重,便少一分侵犯;多一分慈悲,便少一分争执。在相互尊重包容中,心地增加了善美,待人处事,自然多一分柔软、和谐。生命中增添这许多善因妙缘,人生自然也能增添快乐自在。

第二,快乐从服务中来

社会上,有的人在福利团体中奉献己力,有的人四处赈济救灾,有的人义务施诊,有的人从事小区环保,有的人照顾病苦老人,以一分无所得的心为众服务,不仅为人间带来温暖,也为自己增添生命的价值。诚如美国总统林肯所言:"服务是一件乐事,也是人生最高贵的品格。"凡事以服务为出发点,但求他人利益,必能从中获得快乐。

第三,快乐从勤劳中来

有云:"鸟美在羽毛,人美在勤劳",勤劳不仅可以美化人生,更能为我们带来快乐。《长阿含经》中,佛陀叮咛弟子:"若不计寒暑,朝夕勤修务;事业无不成,至终无忧患。"因为勤劳,事务能达成;因为勤劳,为人必厚实;因为勤劳,人生能积极乐观。做事若肯勤劳,快乐必定常伴左右。

第四,快乐从禅心中来

心如工厂,可以制造欢喜快乐,也可以制造烦恼、忧愁。现代人的生活,普遍以追求感官刺激为快乐,因此快乐是短暂的,甚至带来苦恼。倘若有了禅心,面对善恶、是非,就能转化境界,增添人我和谐。有了禅心,凡事就能以方便、融通行之,却不失原则,做起事来,欢喜、禅悦;与人相处,幽默、喜悦。拥有禅心,才是快乐的来源。

世界上,有人追求物质满足,然而外在物质容易变化,痛苦随之而来。真正的快乐,应是精神上的充实,你尊重他人、服务大众、勤劳奋起、禅心生活,快乐就能在内心根植,久久不失。

快乐的根源(一)

每个人都希望过得幸福,但是,心中往往充塞着执着、乖戾、嫉妒、骄慢等不良的种子。有的人一味地追求物质,追求享受。其实,快乐的人生,不在于山珍海味,而在于清和淡雅;不在于盲目追求,而在于真诚相待;不在于别人的施舍,而在于自己的努力;不在于遥远的未来,而在于当下的获得。所以快乐的根源是:

第一,身心的健康

身心都健康,是快乐最重要的条件,西谚云:"健康生快乐,快乐生健康。"试想:你的身体四大不调,百骸不畅,卧病在床,或者你的心中三毒炽盛,障门大开,起惑造业,能快乐吗?有人说欢笑能补脑,胜于服食药物;每日笑口常开,身体自然能健康调和。

第二,仁慈的心念

有仁慈心肠的人,别人会喜欢接近他,他的仁慈行为,也会让人永铭于心。古代高僧大德的仁慈,如智严躬处疠坊、高庵看病如己,甚至像智舜割耳救雉、僧群护鸭绝饮,他们悲悯众生疾苦的精神,不但为时人所崇仰尊敬,也为后人立下仁慈爱物的楷模。

第三,虔诚的态度

《礼记·大学》篇说:"上老老而民兴孝,上长长而民兴悌,上恤孤而民不悖,是以君子有絜矩之道也。"对人虔敬,可以邻里和睦,兴家旺国。在宗教信仰上,对真理的追求,也需真心虔诚,方可体悟佛性真如。

第四,纯净的信仰

小孩子需要依靠父母,生命才得安全;老人需要依靠拐杖,走路才能安稳;黑夜中需要依靠明灯,行人才能看清方向。信仰如同我们的依靠,纯净的信仰,能作人生的导航。生活有了信仰,就有勇气面对困难与压力;家庭有共同信仰,精神理念相同,自然能和谐无争。

身体健康,什么事都能做;心理健康,什么事都能承担。心地慈和的人,能普遍地接受一切;胸襟宽阔的人,会成就伟大的事业。生活若能带着虔诚恭敬的态度,则无往而不利;生命若能有纯净的信仰,则所到之处,都会散播出真的、善的、美的,这些都是快乐的根源。

快乐的根源(二)

追求快乐是我们共同的愿景,但是每个人对快乐的感受却截然不同,有人以物质享受为乐,有人以亲近大自然为乐,有人以精神上的提升为乐。究竟什么才是真正的快乐呢?只要转化烦恼,快乐就在当下。我们可以从以下四点找到快乐的根源:

第一,豁达的心胸

懂得包容,就不会锱铢必较。心胸豁达开朗的人,凡事看得高远,不会被眼前利益所蒙蔽;心量狭隘自私的人,处处与人计较,往往无法成就大器。一如唐代诗人杜甫以"安得广厦千万间,大庇天下寒士俱欢颜",表现其一心为民的广阔胸襟。如果能以豁达的心胸包容一切,自然能看见最美好的世界。

第二,内在的宁静

印度圣雄甘地,一生有大部分时间住在牢狱里。但是,他无时无刻不感到安稳自在,因为他内心永远保持着宁静与淡泊。不论环境如何纷乱,我们每个人都要让浮荡不安的思绪,找到一个出口,从内在的宁静中,寻得真正的快乐。

第三，物质的满足

《圆悟佛果禅师语录》记载："若以利根勇猛，身心直下顿休，到一念不生之处，即是本来面目。"人的欲望愈多，心愈容易变质。如果能甘于淡泊，则不会整日追逐物质而不得满足，犹如清淡的白开水，无杂无染；淡泊中的快乐，才是长久可靠的。

第四，主动地关怀

心怀慈悲的人，常会主动关怀别人，如观世音菩萨常做"不请之友"，以三十二应化身寻声救苦，故为众生所尊崇、信仰。从别人的给予中所带来的快乐、只是一时的满足，主动地布施关怀他人，带来的才是真实的心灵快乐。

孔子曾云："仁者不忧"，即是对人生的穷通得失、成败有无能够不忧不拒。诚然，当我们抛却世俗枷锁，心胸自能豁达，内在自得宁静，对物质能满足，更懂得主动关怀周围的人事物，何愁人生不会自在快乐呢！

快乐的根源(三)

快乐要经过勤劳努力,才能获得,没有牺牲奉献的精神与实践,是无法体会真正的快乐。而快乐的根源,来自内心的平静和充实,最后四点提供给大家:

第一,不断地教育

一个人能不断地求进步,不断地教育自己,就是一种幸福快乐。《礼记》云:"学然后知不足,教然后知困。"现在社会提倡"终身学习",可知学习是一辈子的事,也是人生重要的课题。平时我们可以从生活教育、人格教育,以及知识、科技等教育,来提升自我并启发思想。

第二,愿望的实现

愿,是一种理想;有理想,还必须去实践,两者相辅相成,才能有丰硕的收获。我曾说过:"只要有愿心,世界无远近;只要肯发心,人间无苦乐。"一个人如果能不断地发愿,不断地发心,进而实践自己的愿望,也是一种快乐。

第三,共事的和谐

与人相处共事,能和谐无争,互相尊重,互相包容,这是最美满、最快乐的事。团体的每个分子都很重要,不要妄自菲薄,也不可看轻他人。与人相处,若能抱持"你对我错""你大我小"的甘居老二的理念,必能和谐共事,发挥最大的力量与效率。

第四,真理的彻悟

人生在世,能明白真理,是非常幸福快乐的。我们信奉佛教,主要的即是享受真理的快乐。世俗上的娱乐短暂易逝,法乐里的欢喜却深广无限。世学有漏,佛法无边;知识变易,真理常新。释迦牟尼佛未成道时,贵为一国的太子,享受无比的欢乐,得到万民的景仰。但是他不以皇宫的生活为满足,不甘愿做个庸碌的凡夫,于是舍弃一切的荣华富贵、亲族情爱,走上追求真理的道路,最后不仅自己彻悟,也为众生开创正觉幸福的人生。

所以幸福快乐从哪里来?对自己要有理想、有愿心,并且努力求进步,不停地自我教育。还有,将周围的人皆视为善知识,相互学习、相互尊重,一起追求真理,共同沐浴在法乐中,我想就是人间最大的快乐了。

乐之源

人到世界上来,既不是为了吃苦,也不是为了受罪来的。人来到世界最大的目的,是为了追求幸福和快乐。那么,人生的幸福快乐如何才能获得呢?有三点看法:

第一,平时要自得其乐

在平常的生活里,不要天天希望别人给你快乐,也不要希望从物质感官里满足快乐的享受,因为这都是短暂的。能开发自己内心的本源,才会享有真正的快乐。比如看得开,凡事往好处想;我不贪欲,我能享有世界,不就能自得其乐了吗?

唐朝大梅法常禅师以荷叶为衣,杉花为食,自得其乐。近代弘一大师洗尽铅华,归投佛教,一生以弘扬律宗为业,一条毛巾使用十多年,破烂不堪,仍然爱惜有加,不以为苦。古德先圣之所以有这种淡泊清高、陶然自得的胸襟,最主要的是他们能把握住内心无限的宝藏,并且充分地将它发挥出来。

第二,待人要为善最乐

我们和人相处,要讲究待人的艺术;待人的艺术,就是"为善最乐"。佛教说:"诸恶莫作,众善奉行,自净其意,是诸佛教。"台湾的

《**青年守则**》也说:"服务为快乐之本。"我能为你服务,给你一些慈悲,给你一些关怀,给你一些照顾,给你一点欢喜;你得到欢喜快乐,我也能分享你的欢喜快乐。所以,获得欢喜最好的方法,就是给人欢喜。

第三,生活要知足常乐

世间的物质有限,人的欲望却是无穷。在生活里,如果每天发展自己的欲望,想要满足无穷的欲望,这是不可能的。你不能满足,就会痛苦,因此古人说:"乐天知命,故不忧。"在心里能经常感到满足,在生活上有知足常乐的习惯,人生何处不安乐?

快乐的来源

快乐生活，是人人所希求的。有人认为拥有财富名位，才是快乐；也有人以追求爱情欲望为乐，沉溺在情爱的世界，无法解脱。人生是为了快乐才要活下去的，如果终日烦恼，那么活着还有什么意义呢？如何在生活中寻找快乐的源泉，提供下列四点参考：

第一，要培养工作的兴趣

兴趣是开发潜能的动力，是工作的调剂。若能从事合乎自己兴趣的工作，固然幸运；如果不能，也要从工作中培养兴趣，乐在其中，这才是快乐的来源。假如在工作中，推三阻四、嫌东嫌西、怨恨烦恼，计较薪水多寡，这些都不会令人快乐。唯有在工作中发觉爱好，发挥自己的价值，那么，即使是一名微不足道的清洁工，打扫街道，清除水沟，都会变成神圣快乐的工作。

第二，要知足现实的生活

一个人要满足现实的生活，不肯脚踏实地一步一步地耕耘，整日幻想不切实际的作为，到头来只会落得"此山望见彼山高，到了彼山没柴烧"。对现实的生活，要有"做一天和尚，撞一天钟"的心态，做什么像什么，尽心去做，这就会获得成就与快乐。

第三，要拥有知心的朋友

古人说："独学而无友，则孤陋而寡闻。"不管什么时候，人总离不开朋友。所谓"人之相知，贵在知心"，朋友有多种类别，寻找共鸣的知己却不容易。因此人的一生，一定要交几个知心的朋友，当有烦恼时，朋友会安慰我；我退却了，他会鼓励我。想要拥有相互成就的朋友，也要你平常真诚地付出才行。所以，交友，不要凡事想占对方的便宜，如此相交，友谊才能永固。

第四，要能观人我的空性

生活如果都在你、我、他之间比较、计较，那么生活会变得患得患失，如何快乐呢？是非、得失皆是我们心中烦恼的魔王，要想将魔王消灭，则需将人、我之间的对立放空，观察彼此的因缘生灭，把人、我、得失、是非都能超越，那快乐就不远了！

在工作中有快乐，满足中有快乐，朋友中有快乐，放下时有快乐。快乐生活只在我们一念心的转化，生活快乐哪里找？快乐的来源有以上四点。

快乐的生活

人生苦短,每个人都希望生活是快乐的,而不是充塞着忧郁不安。经典云,极乐世界是"无诸众苦,但受诸乐",如何才能达到"无诸众苦"的境界?就端看我们日常生活的心念起伏,是善美的?是明理的?还是挂碍的?是执着的?

快乐究竟在哪里呢?

第一,身心要能健康

身体健康是快乐的基本条件。一个人的身体经常出状况,时而偏头痛、时而肠胃痛,天天上诊所、跑医院,生活怎么快乐得起来?所谓"留得青山在,不怕没柴烧",平常具备保健常识,健康才得以维护。甚至不但身体要健康,心理也要健康。我们心中藏有过多的贪嗔、愚痴、嫉妒、邪见等毛病,不但是一种负担,生活也会很痛苦。所以,能有一个健康的色身,配上健全的心灵,快乐生活就在你身边。

第二,名利要能放下

曹雪芹著的《红楼梦》中的《好了歌》:"世人都晓神仙好,唯有功名忘不了。"名和利,得者怕失落,失者勤追求,真是心上一块石头,患得患失,耿耿于怀,生活怎么能自在?又好比一个人爬山,身上满负行囊,脚下寸步难行,真可谓:"如履泥土,渐困渐重。"唯有将心上的石头、肩上的负担放下,才能解脱。名利也不是不可要,而是心态取决你的结果。凡是努力认真,自然会实至名归;你不求利,只要广结善缘,它自然会来找你。

第三,是非要能明白

"是非朝朝有,不听自然无。"干扰我们生活的就是得失是非,它让我们在众说纷纭中,轮回流转,扰攘终日,不得安宁,你怎么能快乐得起来?只有学习"不说是非、不听是非、不理是非、不传是非、不怕是非,明白是非"。那么是与非,何足畏也?

第四,人我要能融和

今日的社会,有些人因思想不同而互相排挤,甚至也有因信仰不同,彼此见解不一,在现代人与人关系如此密切的情况下,一对夫妻立场对立,一个家庭分成两队人马,如何能和谐相处?尤其大家同在这片土地上,所谓"同体共生",更是无法分割。只有撇开彼此的对立,尊重异己,互相扶持,人我融和,快乐的生活才有方向可寻。

黄檗希迁禅师说:"终日不离一切事,不被诸境惑,方名自在人。"生活的自在、快乐,不在他求,不是他人赏赐。我们的心中就如一座工厂,产品是要高质量、高效能,或者是劣等品、低用途,就看生产者的决定。如果你的工厂生产的是明理、利他、奉献,要获得圆融快乐的生活,那就不远了。

休闲的生活

农田耕作一段时间后,要给它"休耕转作";军队经历一场战役之后,也要让他"休养生息"。现代人愈来愈重视休闲的生活。"休闲"并不是要我们躲避繁忙的事业,而是让生活获得欢喜愉悦,让内心获得安然自在,是一种重新再出发。在佛教里,也讲究"休息",它是精进力量的来源之一。然而,如何休闲才不会花钱费时,甚至耗费体能,却没有达到休闲的意义,这里提出四种休闲活动,供大家参考:

第一,体能性的休闲

你觉得身体柔弱吗?你觉得体力不够吗?可以从事体能性的休闲活动。比方散步、慢跑、田径、体操、游泳,或者登山郊游、踏青健行……这些都是训练体能性的休闲活动。体能性的休闲,除了锻炼体魄外,还有种种好处,例如治疗身心疾病、改变个性、增强信心、训练恒心毅力、培养突破困难的勇气等等。

第二,知识性的休闲

"终身学习"已经成为当前社会中,人人共同重视的课题。从事知识性的休闲活动,可以满足大家"再学习"的求知欲。所谓知识性的休闲,例如参加读书会,或者写作记事、到各地参访旅游、聆听他人讲演、参与各种讲座、研究实验课程等,可以给自己在休闲之余,还能增加知识,开拓自己的胸襟视野。

第三,娱乐性的休闲

有人喜欢舞蹈,有人擅长绘画,有人喜欢雕塑,有人醉心音乐、歌唱、话剧、艺术等,参加这类的社团,不但可以自娱娱人,还可以与很多人相互切磋、砥砺成长,而获得友谊。如王勃在《滕王阁序》里所说:"十旬休假,胜友如云。"

第四,服务性的休闲

这一类的休闲,诸如:到学校、医院、机关、基金会、寺院道场当义工,或者小区环境打扫、爱心妈妈服务、临终病人关怀等等。服务性的休闲,可以广结善缘、增长慈悲,积累经验,开发自己的潜能智慧,让人觉得生活有意义,而发挥生命的热力,珍惜生命的价值。

佛门里说,"精进"就是当休息时休息,当工作时工作。休闲的生活,让我们先放下紧绷的心情,提升个人生活质量,追求更高的生产效率。所以,平时多参加正当的休闲活动,一定有益于身心健康。

参访旅行的价值

在古代,有四种人走得最远:一是使节,他们背负使命,到远方的国家,进行邦交的任务,如张骞到西域,郑和下西洋。二是军人,为了戍守边塞或拓展疆土而远征。三是商人,运有通无,走出绵延万里的经商之路。四是僧侣,为了求法、修行、传教,历千辛万苦,奔赴天下,如鸠摩罗什、法显、玄奘及历代禅师的云游四海。拜科技之赐,现代人想环游世界,已非难事。经济水平提高后,更有机会旅行。旅行的好处甚多,在此提出四点:

第一,会增加爱国心

未出国前,风闻其他国家如何富庶、如何先进、生活犹如天堂,而心生羡慕向往,总以为自己的国家不如人。等到走遍世界各国之后,才发现:"噢!金窝银窝,不如自己的草窝",还是自己的国家好。所以,有心人到国外旅行后,会增加爱国心。

第二,会增加豁达感

长期局限在自己生活的范围,会如井底之蛙,只看到井口的一方蓝天,容不得芝麻绿豆大的事。看过大千世界后,眼界宽了,心胸广了,遇到摩擦,会觉得世界如此广阔,个人如此渺小,何苦相争？这种豁达，也是旅行的价值。

第三，会增加活动力

古人说，"在家千日好，出外时时难"，形容出门在外的困难。虽然旅行在外，不免有些不便，能与同伴互相扶持，就能减少困难；能懂得各地风俗习惯，就不会节外生枝、招惹麻烦；能与人群互动，更能了解当地风土人情。因此，出门在外，主动了解时、地、人、事、物间的关系，一趟旅行下来，会增加自己的活动力。

第四，会增加学习欲

到处旅行，参观艺术殿堂，才发现自己不懂艺术；参观古迹文物，会发现自己未具备历史知识；听不懂异国语言，会发现自己欠缺沟通能力……知道自己的不足，就会想要充实，会想要学习语言、学习技能、学习礼貌礼仪，这些强烈的学习动机，也是参访旅行的价值。

"读万卷书，行万里路"，接触广阔的天地，无形中会让人眼界大开，心胸更宽广，大家有机会应走出家门，四处遨游。

旅游的意义

有谓"读万卷书,行万里路",学问除了来自书本、来自课堂上老师的传授外,其实借着出外旅游参学,也能增广见闻,甚至借此将书本所学的知识与生活的体验联结起来,知行合一、行解并重。因此,现代旅游风气兴盛,这是值得鼓励的好事。旅游的意义有什么呢?提供以下四点:

第一,对地理环境的了解

旅居世界各地,首先一定要先熟知当地的地理环境。比方气候、生态、交通等,如此在旅程当中,就能对当地有更深刻的认识了解,并且融入到我的内心里。就像到美国玩过,美国即在我心里;到过欧洲度假,欧洲也在我心里,游历的地区愈丰富,就愈能开阔我们的心灵视野。

第二,对历史文化的探索

当我们从事旅游活动时,除了得到身心的舒解,心情的愉悦之外,还可进一步获得宝贵的知识。除了外在的景点外,还可以增加一些内涵,作一趟历史文化探索之旅,看出文化的价值,看出历史的意义。

比方这个建筑是3 000年前,它历经什么样的朝代,对这些历史文化能进一步赏析后,那我们的生命就跟它连接了。

第三,对风景古迹的欣赏

不论是本地旅游或是出国观光,沿途欣赏风景,听听鸟叫虫鸣,看看青山白云,可以激发活力,扩大视野,无形中让我们感染大自然美的气息。

再看看世界的各大奇观之外,尤其巡访名胜古迹,能引发我们思古之幽情,让我们如置身于古代,回到过去,亲身体验和认识当年的荣耀与文明。

第四,对结伴参访的联谊

有的人欢喜三五好友,结伴自助旅行,走到哪里,都是悠闲自在。也有的人欢喜参加旅行团,在一个团队里面,认识许多不同的成员,有老有少、有男有女,来自不同家庭、不同性格,大家一同外出旅行,从中学习彼此尊重,互相友爱,随众作息。你若能与任何人相处都可以安住,表示有随缘随喜的性格,一定能广结许多的朋友。

人生短短数十寒暑,在有限的岁月里,可以借旅游增长见闻、广结善缘、充实知识,扩大我们的生活领域,开拓生活空间,让自己走向世界。旅游时,应该抱着寻师访道的心情,才不会有"如入宝山,空手而回"之憾。

欢喜满人间

人有很多心理的毛病,例如忧愁、悲苦、伤心、失意等。佛经形容人身难得如"盲龟浮木",一个人在世间上一年一年地过去,如果活得不欢喜、没有意义,那又有什么意思?如何过得欢喜、过得有意义?有几点看法:

第一,要本着欢喜心做事

世界上最美好的事情,不外是"欢喜",能用欢喜心做事,无不成就。有些人遇事苦恼,见到事情就怕,其实只要本着心甘情愿去做事,不计较名利,体会当下因缘,从身不苦,进而做到心不苦,就可以让我们做得欢喜自在。

第二,要本着欢喜心做人

"做人难,人难做"是现代最流行的名言。我们常觉得处事容易处人难,但是弥勒菩萨有一首偈语云:"大肚能容,容纳世间多少事?笑口常开,笑尽人间古今愁!"遇事能保持和气欢喜,凡事能一笑置之,不仅有益于自己身心健康,也是对别人布施一份慈悲、宽厚。

第三,要本着欢喜心处境

人生本来就是不断经历考验,处在各种境界里,在行为、心念上,不要轻易否定、负面思考,应该抱持"难遭难遇"与学习体验的想法,就不会有烦恼、苦恼。

第四,要本着欢喜心用心

世间事都在自己的一念之间,以圣人之心看世间,一切人都是圣贤。想法不同,就有天堂地狱之别。聪明积极的人,凡事都往好处想,以欢喜心,想欢喜的事,自然成就欢喜人生。如果凡事都朝坏处想,"心想事成",终成烦恼的人生。

第五,要本着欢喜心利世

有些人虽然发心至道场服务,或者担任社会义工,但总是做得很苦恼。其实"给"人欢喜,首先本身具足欢喜的条件,才能欢喜。日常服务社会、有利于大众,这些都是广结善缘的资粮,应该要感到欢喜才对,而不要以为苦。

第六,要本着欢喜心修行

《华严经》云:"欢喜恭敬心,能问甚深法。"念佛参禅、诵经礼拜,各种修行法门,都是帮助我们消除烦恼、安顿身心、健全思想,假如认为是苦,那就没有价值了。在学道过程中,纵有难事、苦事,能用欢喜心化解,再不顺遂的事,都能转逆境为顺境。

人间最宝贵的是一颗"欢喜心",诸佛菩萨当中,以"欢喜"成就佛道的,除了众所熟悉的弥勒佛外,尚有欢喜自在佛、欢喜无畏佛、欢喜威德佛等,可见诸佛菩萨早就以此作为修行的常道。科学研究发现,乐观的人比较不容易生病,欢喜要自己去创造,只要愿意"发心"快乐,人生就能够无事不办、无所不成。

快乐偈

每一个人都希望得到快乐,但是快乐在哪里?其实快乐常在我们身边,只是我们不知道,所以有人说:"人在福中不知福,人在乐中不知乐",这是很可惜的。一个只知追求欲望,却不会享受快乐的人,就像一只追逐尾巴的小狗,终日不停地在原地打转,实在愚昧又辛苦。快乐在哪里?提供一则快乐偈给大家:

第一,亲近良师学习乐

我们从小到大接受教育,经历多少老师辛苦地教我们学习为人处事,使我们能够周到圆融;父母、伯叔长辈给我们开导指示,让我们能遵守伦理纲常,懂得进退礼仪;社会上的书籍知识,以及各种的训练班、讲习会,让我们学得谋生技能,使生命不虞匮乏。因此,我们在学习里要感到快乐,更要感恩大众好因好缘的成就。

第二,闻法奉行安稳乐

虽然社会上有各种媒体、信息、学术研究、讲座等可供我们吸收新知,增加阅历。但是如果能有正确的宗教信仰,常常听经闻法,并将听闻以后所得到道德的、慈悲的善法,奉行运用到日常生活中,更是安住身心的依止力量。如《大乘无量寿经》云:"闻法乐受行,得至清净处",法乐是精神上、真理上的快乐,能够放下贪、嗔、痴的狂心,就是一种安稳的快乐了。

第三,大众和合寂灭乐

我们在社会上,通过与人共事,可以广结各行各业的朋友。虽然同行间难免有竞争,但通过竞争正可以激励成长;有时雇主会要求严苛,可是如果没有进步成长,公司也无法永续经营;当然也会有人情浇薄的情况,只要我们不计较、有情有义,而且与人为善,自然能和合没有纷争,而得到寂灭的安乐。

第四,远离忧苦解脱乐

现代社会由于物质科技发展得太过快速,使得许多价值观、道德观遭到扭曲,导致各种痛苦指数升高,自杀、忧郁的人口快速增加。事实上,只要我们能放下心中过分的贪婪、愚痴与对立,凡事随缘随喜,就能远离忧苦,得到解脱的快乐。

世间上功名富贵的快乐非常有限,真正的快乐必须来自我们的内心。能够拥有一颗欢喜感恩、乐闻善法、怨憎平等、寂净知足的心,快乐的活水才能源源不绝地涌现。

贫富贵贱

我们生活在人间,必须有一些资粮。就算是在深山修行,也须找到水源充沛与山果丰美之处,才能安心自修。世间有所谓"开门七件事,柴米油盐酱醋茶",意思是日常生活要有起码的条件。一旦有了这些基本的诉求,才能进一步完成生命更高层次的目标。

可惜人们错把追求物质当作人生的目的,那就发展出计较与比较之后的贫富差别,比如"贫居闹市无人问,富在深山有远亲。""富家一席酒,穷汉半年粮。""宁吃少年苦,不受老来贫。""有钱能使鬼推磨,无钱难倒英雄汉。"这些都是来自民间深刻的感叹,但是贫与富,自有其因果来由,以下四点说明:

第一,富足来自知足

知足第一富,如颜回"一箪食,一瓢饮,在陋巷。人不堪其忧,回也不改其乐。"这正是安贫乐道的典范。台湾企业家郭台铭接受媒体访问时,他说因为父亲是公务员,从小给他们安贫乐道的身教。所以,虽然已经非常富有,但是最快乐的事还是吃一碗妈妈亲自煮的面。这时候,坐在老旧的藤椅上,比别人坐在高级的沙发上还要满足。郭先生是真富足之人,所以能有这种体认。一个人拥有再多,如果内心不知满足,那种精神上的贫穷更加可怜!所以,人的富足并不是看在金钱数字上的多少,而是看一个人知足或不知足。

第二,尊贵来自谦卑

老子曰:"上善若水,水善利万物而不争。"由于水性谦下,总是往低处流,所以世间万事万物都受到流水默默的哺育。世界最高屋脊的喜马拉雅山冰川,所孕育的七大河流:恒河、印度河、雅鲁藏布江、怒江、长江、黄河、湄公河,提供了亚洲印、中、尼、泰等,十数亿人的水源。所以山顶上冰雪的高贵,恰是来自谦下的流水。有德的君子,他的尊贵,正是因为他的谦下利民而不自以为崇高。

第三,贫穷来自悭吝

什么是真正的穷人?欲望无穷就是一种心里的贫穷。人的心田,并不是用来生长欲望的,而是用来生长菩提慧命,以圆满人生。其实,任何人出生到世间,这宇宙间的财富,都有他的一份,所谓的"一枝草,一点露"。但是,要取得财富,必须先把"手掌放开"。如果你始终紧握着手里的旧物,又如何能取得新的资源呢?想要圆满人生,首先要有"同体共生"的认识,能"喜舍"才是真正的富有。

第四,卑贱来自骄慢

"骄",就是自大;"慢",就是以己之长,辱他之短。佛经云:"若骄慢生,则长养一切杂染之法。心不谦下,由此则生死轮转,受无穷苦。"凡夫不知宿命,故常骄慢,因为骄慢,所以不畏造恶受果报、不愿悔过,也不精进于修行万善。佛陀时代,时时陷害佛陀的提婆达多,因为骄慢,竟想以世俗的领导权来取代佛陀内证的光明,却永远受到世人唾弃。佛陀的侍者阿难,则因为具有谦下的美德,人人都称他为"尊贵的阿难尊者",直至今日,还受到大家的赞扬。

所以,关于"贫富贵贱"的因果:人之富是知满足,人之贵是能谦下,人之贫是不知舍,人之卑贱,是因为骄慢自大。以上这四点,可供参考。

平安富贵

平安的生活是什么？能随遇而安就是真正的平安。富贵的生活又是什么？大陆赵朴初老居士，生前曾经赠送我一副对联，上联曰："富有恒沙界"，下联曰："贵为人天师"。老居士深达佛教空观的中道实相，所以明白一个出家僧伽，正因为什么都未曾拥有，反而拥有了三千大千世界。

《中庸》说："君子素其位而行，不愿乎其外。素富贵，行乎富贵；素贫贱，行乎贫贱；素夷狄，行乎夷狄；素患难，行乎患难。君子无入而不自得焉。"意思是说，无论处在什么样的情境之下，都能投入其中，并且安之乐宿的意思。对于平安与富贵，有以下四点看法提供：

第一，父母的平安富贵，是颐养天年

希望父母得到平安富贵吗？人年纪大了，要求的并不多，生活得到照料，有个伴可以聊聊天，有一点正当的嗜好，如果是佛教徒，可以早晚一炷香，回向儿女家庭吉祥和乐，加上念佛、禅坐、课诵，甚至可以参与义工行列，生活可以过得有意义。这样来修身养性、颐养天年，日子就过得很平安富贵了。

第二，儿女的平安富贵，是健康成长

儿女们的平安富贵是什么？生长在一般家庭，得到良好的教养，随着年龄增加，品德、智慧、体育、群育、美育都能发展。乃至洒扫、烹调、应对，以及生活上的各种技能，都要学习，这样长大后，随处都能应付裕如。更重要的，还要让儿女懂得慈悲心的重要，这才是儿女的平安富贵。

第三，夫妻的平安富贵，是和睦相处

每对夫妻结婚时都得到各种祝福，例如"琴瑟和鸣""白头偕老"。两个在不同环境中成长的人，要如何来"百年好合"呢？有的夫妻，因为对于生活的态度意见不和，天天吵架。也有些人经过吵架，就像有棱角的石头，互相摩擦后，两人都变得圆融了。也有的人经不起吵架后，内心带来的冲击，最后只有分手。夫妻的平安富贵，可以学习相亲相爱、相敬如宾、相互扶持、相知尊重、彼此包容，最后能和睦相处，这才是婚姻生活中的平安富贵。

第四，事业的平安富贵，是生活有序

一个人努力在事业上求发展，终于成功了，事业愈做愈大，金钱堆积如山，令人欣羡，却不一定能得到平安富贵。大部分人因为事业繁忙而晨昏颠倒，家庭与身体都赔上了。这时候你问他想要什么？很多人都会说："我只想过平凡的日子，想要生活有序，不必太多应酬，能多一点时间陪陪家人，这就是最好的享受了。"

理性一点，将生活调适得规律一点，每天生活有序，可以带来头脑的清明，以及感情的平和。许多做大事业之人，其实他们的生活很简单，在物质上也不希求奢华，比一般人还要更接近于修行人的生活，因此而能平安富贵。

各种富有

真正的富有,不在于有多少土地、有多少股票、有几栋大楼、有多少存款。贫富不能只看形相上的多寡,有谓"观念就是财富",一个人有健康,健康就是财富;有欢喜,欢喜就是财富;能知足,知足就是财富;有道德,道德就是财富。除了这些,对于财富,另有以下四点看法:

第一,目中有人,富有助缘

有些人自命不凡,总认为自己是群体之中最好、最杰出的,瞧不起"我"以外的人。但是,你目中无人,别人的心中又怎会有你?观世音菩萨"慈眼视众生",所以能为众生之依怙。"人我之道"是人际间最奥妙的一门学问,我心中有大众,大众心中有我,彼此间有关系、助缘,相处上自然容易付出爱心、关怀,人我关系就能圆融。

第二,口中有德,富有福报

一个国家的人文素养愈好,对口德重视的程度就愈高。荀子言:"赠人以言,重于金石珠玉;观人以言,美于黼黻文章;听人以言,乐于钟鼓琴瑟。"讲话要有道德,切忌口不择言、造谣诽谤。现在网络上充斥庸俗的八卦新闻,不但有损个人私德,对整个社会教育与国家形象都会产生负面影响。

第三,法中有情,富有和谐

有法律的规范,我们的生命、权利才能获得保障,但是法律之外,也应有一点人情,如仙崖禅师"夜凉了,多加一件衣服"一语,感化夜游沙弥;良宽禅师说自己"年纪大了,鞋带都系不动",让他的外甥革面洗心。过去,法家主张积极变法以富国强兵,通过严刑峻法使万民承顺。但是,严苛的暴政,会引来人民强烈的反弹。因此,法中有情,才能顺利和谐地成事。

第四,心中有佛,富有欢喜

一个人如果心中有佛,眼里看到的必定都是佛的世界,口里说的话都是佛的语言,身体所做的都是慈悲的事情。人人心中有佛,人人用佛心待人,就是一个充满欢喜的佛土了。

有些富有的人,有钱却不会用、不肯用,甚至将钱用到不好的地方。如此,虽然有钱,不也和穷人一样?相反的,有的人不被欲望所役使,虽然一无所有,却能以无为有,自在逍遥,即是因他们享有内心能源的富有。

富之源

木有根,水有源,人人希望富贵,不希望贫穷,富贵也要有富贵的根源,它不是"希望"就能拥有的。到底富贵从哪里来?以下四点:

第一,手足勤劳

我们有双手,双手可以万能,我们有双脚,双脚可以走遍天下。傅斯年先生有一句话:"上穷碧落下黄泉,动手动脚找东西。"你的手不用,就会懒惰,脚不走,就会懈怠,只要靠着手和脚,作家多写一点文章,工人多做一点事情,农民多忙一些农作,甚至做家务,用双手扫扫地,抹抹桌子,养成辛勤劳动的习惯,这还不富贵吗?手脚并用,是富贵的来源。

第二,身体健康

所谓"健康第一富",一个人有再大的富贵,但是身体不健康,乃至卧病在床,也是不能享有,因此要珍惜身体,保护自己的健康。身体有病,心有余,力不足,想要做什么,都备感困难,生活失去所依所靠,人生失去奋斗目标,家人为你辛苦,甚至国家社会,也要为你付出医疗成本。因此,自我保健,健康就是富贵的来源。

第三，心中欢喜

有财富不一定快乐，你有钱，他人嫉妒眼红，甚至担心给人欺骗、被人偷去、妻子儿女被人绑架撕票，因此有钱也会令人烦恼。甚至拥有再多的财富，只会积存，却不知道如何使用，心中没有欢喜、没有安乐，人生也没有什么意思。反之，我虽不富贵，但我自在幸福，我适意满足，我平安无争，我懂得布施，自他欢喜，那就是一种富贵。

第四，脑生智慧

有的人用力气赚钱，有的人以金钱赚钱，有的人则用智慧赚钱。用智慧赚钱，不但赚自己一个人的钱，他会替大众赚取财富，替社会谋求福利，替人间创造福祉，像科学家、哲学家、宗教家，他们贡献脑中的智慧，心中想着利益众生，这是富贵的来源。

源远流长，来自活水；枝繁叶茂，来自深根；想要获得富贵，以上这四点来源，不可忽视。

富贵之源

许多人想升天成仙,但是"升天自有升天福,未必求仙便是仙";没有人不喜欢富贵,可是富贵也要有富贵的因缘。有人从富翁落魄为乞丐,也有人在贫困潦倒后努力致富,因此,什么是得到富贵的因缘条件呢?以下有四点:

第一,对钱财要及时行施

佛经云:"为人大富,布施中来。"诸佛菩萨三十二相、八十种好,都是从累生累劫修习布施而来,大乘法中的六度万行,布施是第一波罗蜜。所谓"鲋鱼困涸辙,难待西江水",海水虽多,不能挽救一个饥渴的人;一掬水虽少,却可及时拯救一个饥渴之人的性命,你想要"待有余而后济人,必无济人之日",因此要懂得及时布施钱财。

第二,对他人要不生轻慢

佛陀的身相高大殊胜尊贵,是从不轻慢一切有情,慈悯一切众生而来。富有尊贵,是人所尊崇的,假如你对别人怀有轻慢心,他人怎会尊敬你?你就是富贵,也是贫穷,因为人家不欢喜你,甚至看不起。所以,对他人不生轻慢,才能得到富贵的果报。

第三,对苦难要欢喜帮助

世界上苦难很多,有战争、饥饿、贫穷、天灾人祸,更有内心贪嗔痴煎熬恐怖等等。佛经云:"菩萨以慈悲为本,于一切众生常起饶益心。"对苦难的人,要以欢喜、心甘情愿的心去帮助,替他解除怖畏,甚至不用对方感谢、回报,受苦者得到依怙,布施者也获得启发,这种布施、协助,才是无相的功德。

第四,对做事要不忘因果

佛教讲"如是因,如是果",《因果经》云:"富贵贫穷各有由,风缘分是莫强求;未曾下得春时种,坐守荒田望有秋。"荀子也说:"荣辱之来,必象其德",这都是说明贫富荣枯必有因缘果报,你做事必须勤劳踏实,努力播种耕耘,才能有福田可收。

财富是民生命脉之所系,却是五家所共有,所谓"千金散尽还复来",有时富贵也不一定要从经济上去衡量,财富去了,还会有再来的时候,但是如果欲望无止尽,没有用钱的智慧,即使拥有再多,也会觉得匮乏;反之能够及时行施、欢喜帮助、不生轻慢、不忘因果,这才是无上的富贵。

幽默是什么？

有一位30多岁的小姐，一直不结婚，她说："等到我找到有幽默感的人才结婚。"可见幽默感有多么重要。幽默是什么？有四点：

第一，幽默是弥补缺失的针线包

衣服破了，可以用针线弥补起来。人际间的语言有缺失，则要靠幽默的机智来应对。圆瑛老和尚有一次开大座讲经，结束后，本来维那师应该呼："打引磬，送老和尚回寮"，一时太紧张，讲成："打老和尚，送引磬回寮"。法师一听，边走边说："不用打了，我自己会走"。所以，一句幽默的话，就可以把人际间不小心造成的疏失缝补起来。

第二，幽默是难堪挫折的平衡杆

人难免遇到难堪，或是受到挫折，假如这时能有人说一句幽默的话，就可以让难堪挫折转换，得到一个平衡。有两个观光团到日本伊豆半岛旅游，遇到路况维护，到处都是坑洞，旅客怨言四起。一位导游连声说："这路面简直像麻子，抱歉！抱歉。"另一个导游却诗意盎然地说："诸位先生女士，我们现在走的这条道路，正是赫赫有名的伊豆迷人酒窝大道。"一句幽默的话,正是这样平衡了起伏的心情,化解了尴尬的难堪。

第三,幽默是待人处事的润滑剂

西方人崇尚幽默,不仅把幽默看成一种可爱的性格,而且视为可贵的品质。林肯竞选总统时,对手以严厉的口吻批评林肯是个伪君子的"两面人"云云。林肯想,要解释自己不是两面人,实在煞费口舌,不如用另外的方式说吧!他指着自己有一张不怎么好看的脸说:"如果我有另外一张脸的话,你想我还会戴着这张脸吗?"林肯的自嘲,让所有的听众鼓掌哈哈大笑,他的幽默,成了润滑剂,化解了一场尴尬,更彰显他高贵的风格。

第四,幽默是导引人生的智慧路

幽默是人生的灵巧,是生活的美味,有了幽默,就能导引我们人生智慧的道路。石巩未出家时,遇到马祖道一禅师。禅师说:"我也善猎,你一箭射几只?"石巩说:"一只。敢问禅师一箭射几只?"禅师回答:"一箭射一群。"石巩大惊:"彼是生命,法师何必射一群?"禅师幽幽道:"你既懂这个道理,为什么不自射?"石巩一时语塞,从此放下弓箭,跟着禅师出家学道。

退一步看

中国的山水泼墨画，要退一步看，才能得其壮阔神韵；起源于西方的油画，也要退一步看，才能知其稳定厚实。其实人生也像一幅画，要怎样退一步看，才能观得全面呢？以下六点意见提供。

第一，承担，动不如静

我们承担做一件事情，有时候一动不如一静，不必四处宣扬做了什么，等到做出成效来，才能让人刮目相看。

第二，责备，言不如默

有时候我们对部下、同事、朋友有所指正纠举时，用语言不一定有用，用沉默的感化，反而更有效果。你看，佛陀的"默摈置之"对治恶人；维摩居士的"一默似春雷"，力量其大无比，所以，"言不如默"。

第三，权势，显不如藏

螳臂挡车之势，徒增笑柄；小人装腔作势，令人反感；有权有势，不见得获得别人的信服。因此权势显赫的时候，不如掩藏自己的权势，你不以权势待人，反而能得到朋友大众的认同。

第四，钱财，取不如舍

君子取财，取之有道，其实比取更高的境界是"舍"。所谓舍得,能"舍"才能"得"。能舍,表示你富有;能舍,表示给得起。假如只想要获得钱财,没有种下布施喜舍的因,哪里有富有的结果呢?

第五,仇恨,记不如忘

人与人相处,遇到了误会,甚至有了仇恨。有了仇恨时,你不必要去记仇,甚至最好忘记它,正如唐雎所说:"人之憎我也,不可不知也;我之憎人也,不可得而知也。人之有德于我也,不可忘也;我之有德于人也,不可不忘也。"能忘记仇恨,心里的空间就变大了。

第六,做事,巧不如拙

有时候我们做什么事,总会有一些讨巧的想法,以为这样就能得到便宜。其实取巧不一定很好,所谓"事有所至,而巧不若拙"。大巧若拙,你笨拙一点、踏实一点,反而会给人信赖。

进步的人生,固然积极进取,退步的想法,也是向前之道。以上这六点,可以参考。

动气的缺陷

气概指一个人的意态、气度和情绪。除了呼吸的空气外，每一个人体内都有血气或元气；一个人的才华，称为才气；勇往直前无所畏惧的气魄称勇气；刚毅不屈的气概，是骨气；对人有礼是客气，骄矜傲慢是骄气；脾气不佳，遇事容易动怒是火气。

俗谚说："人争一口气。"可见"气"对于人是很重要的，一个人的气调不调，对健康、人格也有关系。所以，佛教参禅打坐修行，除了调身、调息，也注重调气。人最好保持平和之气，随便动气，将有五种缺陷：

第一，害愁则气结

一个人有喜欢忧愁、生闲气与闷气的忧郁性格，就好像心腹中打了结。面常带愁容，不仅旁人瞧之不喜，就中医的看法，他终久也会生病的，因为气血不通，郁积不开，就如阻塞的水沟，将会蚊蝇丛生，臭气冲天。

第二，愤怒则气逆

脾气暴躁的人，动不动就生气、骂人，人在发脾气时，都是面红耳赤，就表示这时候气不调和，逆其道而行。就如火车不是顺着轨道走,又如汽车逆向行驶,这是相当危险的。常听到有人一气之下,血压急遽升高,而赔掉一命,真是不值得!

第三,恐惧则气陷

大家都知道,狗害怕时,尾巴就垂下。人也一样,一旦恐惧害怕,气就陷落下去,心就不安了。恐惧对人有很大的影响,会障碍学习效果;会让人自觉气短,没有足够的信心完成目标;万一生病,恐惧心也会阻碍康复能力。切莫让恐惧主导你的心灵。

第四,拘迫则气郁

拘迫犹如坐牢,被拘禁的人,活动空间只有六尺见方,失去自由,不得自在。心里拘迫,气就郁结,大有志不得伸之叹,郁郁寡欢。如果觉得自己常有拘迫感,不妨学习布袋和尚,以"笑口常开,笑天下可笑之人"的游戏三昧来看待人生。久之,就懂得如何海阔天空、悠游自在地过生活。

第五,急遽则气耗

处于现代社会,凡事求快,说话连珠炮,吃饭找快餐,处理事情风风火火,走路三步并作两步。太着急、快速,会消耗太多的气,如果又不重视养气,消耗的元气不补充,体力就会急速耗损。其实"事缓则圆",将事情按轻重缓急排列,再按部就班地处理,反而能够圆满完成,也不会造成身体太大的负担。

气的运行顺畅与否,与身体健康关系甚为密切。气行不畅有五大缺陷,应慎防随便动气。

喜怒哀乐

一个人在生活中，经常会有喜、怒、哀、乐的情绪。凡夫的心不定，容易受外境的影响，被外在事物所系缚，于是得意时欢喜，失意时生气，伤心时悲哀，欢心时快乐。甚至一天当中，情绪就在喜怒哀乐中来回几次。喜怒哀乐既然是生活中免不了的反应，要如何对应这些情绪？在此提出四个看法：

第一，喜不大笑

有些人一遇到得意事，眉开眼笑，喜形于色。心中欢喜固然很好，但切忌得意忘形。佛教有"笑不露齿"的规矩，这不是限制我们表露心中的欢喜，而是有威仪的人，会以微笑表达，不是露齿大笑。所谓"对失意人不谈得意事，处得意时莫忘失意时"，当你正得意时，岂知身旁没有失意人？因此，要收敛自己的欢愉，不要让自己的欢喜成为他人的刺激。

第二，怒不暴跳

有的人遇到忤逆事，立即面红耳赤，暴跳如雷，拍桌子、摔东西、抡拳头、破口骂人，其实这些都是不明智的举动。暴跳如雷不仅会损伤身体，且会使事情复杂化。有的人在盛怒时，血脉偾张引起内耳供血障碍,因而得了突发性耳聋。有的人一气之下,一命呜呼哀哉,损失更惨重。盛怒暴跳不仅无法解决问题,反因为失去理智,而得罪更多人,使事情复杂化,增加处理的麻烦。因此,要心平气和地处理心中的怒气。

第三,哀不嚎哭

遇到哀伤的事,有些人以"哭"来面对,大哭、痛哭、嚎哭,哭得六神无主,哭得浑身无力。但是,哭只有伤身,不但不能解决问题,且消耗了自己的能量。遇到悲哀的事情,要沉得住气,甚至眼泪不轻流,才能化悲愤为力量,才有精神作最好的应变。

第四,乐不轻佻

有人习惯以手舞足蹈、高歌狂欢,来表达自己的快乐,这种动作太过轻佻。佛经说:"若谓乐着色,放逸之所使。"就是指那些恣意宣泄快乐情绪的人;又说"乐极而害至",就是劝人要谨防"乐极生悲"。因此,我们在日常生活中,可以随时保有欢愉快乐的心情,但是,动作举止仍要中规中矩。

《中庸》说:"喜怒哀乐之未发谓之中,发而皆中节谓之和。"生活中面对喜、怒、哀、乐的情绪,若能记取这四个要点,也可以算是达到"中节"的标准了。

耐烦的好处

耐烦,是修行的第一步,也是做人处事的首要条件。耐烦,表现在外,是低头下视;蕴藏于心,是沉着默照。耐烦的人,能够包容一切人、事、物、境的纷攘,不怕干扰;耐烦的人,能够观照内心的杂念妄想,消融烦恼。因此,无论在什么时候,做人要耐烦,才能有人缘;做事要耐烦,事业才能成功。耐烦的好处有四点:

第一,耐烦的人,读书才会深入

没有读书习惯的人,才开始发心要读书,拿起书本来,总觉得是一件枯燥乏味的事。你必须耐烦,一而再,再而三地咀嚼书中的奥义玄理,反复思考古圣先贤之道,才能读出哲理,甘之如饴,优游法乐之中。所以宋朝朱熹在《训学斋规》说:"读书要眼到、口到、心到。"这就是耐烦的基本条件。如果心不在焉,眼睛看不仔细,心眼既不专一,只是散漫诵读,又怎能深入呢?

第二,耐烦的人,做事才能圆融

《禅苑清规》记载:丛林里的化主,在前往檀家时要"预先点检门状、关牒、书信,恐有差误,及备茶汤人事之物,低心耐烦,善言化导",才能称职。丛林如此,其他亦是。所以,耐烦的人做事,不会虎头蛇尾；耐烦的人做事，不会后继无力；耐烦的人做事，深思熟虑，所以能够融会贯通，事理圆融，这就是耐烦的好处。

第三，耐烦的人，事业才会成功

一个人无论从事什么事业，没有耐烦恒心，很难把事情做得成功。有"人间瑰宝"之誉的敦煌石窟，从开凿，历经数代增建，渐成千余石窟群。如果没有这些耐烦的僧人、艺术家，前仆后继，个个穷尽一生的智慧与生命来雕琢，哪能完成这惊天地、泣鬼神的奇伟杰作，传于后世？

第四，耐烦的人，修行才有成就

念佛的人，经年累月，时时刻刻，分分秒秒，不曾离开一句"阿弥陀佛"；苦行的人，穷一生之力，早晚诵经、礼拜、禅坐、服务，他不会感到无所事事。因为他耐烦，一以贯之，非要念出自性弥陀，见到自己的真如佛性不可。因为他能够这样耐烦，所以修行能够有成就。

和谐

世间以和为贵,不和谐的人生就有痛苦。所谓"家和万事兴""兄弟同心,力可断金",和谐才有力量、才有幸福。世界要能和平,人与人之间的和谐是关键,和谐是双方的事情,不是单一个人的事,对于"和谐"有四点意见:

第一,亲友要和谐

失落时,亲友给予我们精神上的支持;得意时,亲友与我们分享喜悦。亲友因为有缘而得以相聚,因为相处而相互帮助,和我们的关系最为密切,因此亲友间最重要的就是彼此往来要和谐,你尊重我、我尊重你,你体贴我、我体贴你,大家互相友爱。

第二,同事要和谐

一个团体的成就,并不是一个人所能完成的,需要很多的成员共同合作努力来促成,所以一个团体想要有力量,成员要和谐相处才能凝聚共识。同事是和自己在同一个单位工作的人,同事间的关系,势必影响团队的发展,因此同事之间要能相互忍让、相互原谅、相互协助,才能在和谐中共同圆满事情。

第三,社区要和谐

社区是由很多户人家共同组成,彼此不是亲戚家眷,却共同生活在一个区域里,在这个范围内的每一分子,都可以共享区域内所有的服务与利益,因此,要营造一个具有美好生活质量的社区,有赖大家齐心协力来创造。倘若社区中的每一分子都能有守望相助的观念,互相观照,常相往来,见了面,招呼问候,人与人的距离就会缩短,成就一个和谐的社区。

第四,族群要和谐

一个国家、一个社会,乃至一个地区都会有不同民族的人共同生活在同一个环境里,如果老是要分你是哪个地区的人、你是哪个民族的人,久而久之就会削弱整体的力量。虽然人类因为肤色、语言、文化的不同而有民族之分,但是大家都生存在同一个地球上,互相包容是很重要的,有了生命共同体的观念,族群之间才不会有冲突,世间也就能够和谐。

所谓"和气致祥,乖气致戾",和谐的色调令人舒服,和谐的环境令人自在,当然和谐的人生更是重要。

美言

　　语言是人和人互动的桥梁,是彼此建立关系最好的渠道。好听的话人人爱听,不好听的话人人避之唯恐不及,因此人要多说好话,才能广结善缘。什么是美言?就是说赞美、鼓励、安慰、给人方便,能成就他人信心的话。美言何以如此重要?

　　第一,美言暖如布帛

　　一件暖烘烘的毛线衣,温暖了寒风中畏缩的人;一句善言美语,温暖了饱受人情冷暖的世间人。人不管是坚忍还是柔弱,不管是富有或是贫困,都需要他人的关怀,而语言是最能直接影响人的表达方式。多说好话,能令人心感受到温暖;冷言冷语,则如同利剑足以伤人。

　　第二,美言亮如珠玉

　　古圣先贤的一句话,之所以能流传千古,为世人所引用称颂,就是因为他们的话像珍珠白玉般清净,蕴涵的智慧有别于一般自私、分别、谬妄的语言,能为人心带来启发;一句美言,能使一时跌入无明深渊的烦恼人如饮醍醐,获得"听君一席话,胜读十年书"的欢喜。

第三，美言妙如梵乐

动听的乐曲，如同苏轼《赤壁赋》所言："余音袅袅，不绝如缕。"令人听了欢喜、感动。好听、赞美的话，就好比天上的梵音妙乐，婉转悠扬，犹如抖落凡尘扰攘，令人身心清净安然。因此，说话要真诚，有内涵，让人觉得听你讲话是一种享受。

第四，美言香如莲花

好言好语，如同莲花散播的淡淡花香，清新而持久，令人心生欢喜，即使有满腔的怒气，也随之消融；反之，嗔语恶语，则令人不喜耳闻。心中常存善念，常怀感恩的心，犹如口吐莲花，芳香四溢，听者犹如沉浸在花香中，舒畅无比。

佛教经典中提到，毕陵伽婆蹉有心想要说好话，却一再口出恶言，可见说好话需要在日常生活中酝酿、养成。老子也说："美言可以市尊，美行可以加人。"一句善良的话可以感化人向上向善，所以何谓"美言"？有以上四个譬喻。

如何说话

常言道:"多说多错,少说少错,不说不错。"话,人人会说,但如何说得合宜、得体、巧妙?在《须摩提经》里,有四点提供我们参考:

第一,不传说恶言,免生离间

话可以说,但要说好话!切莫说人长短、搬是弄非、传播恶言,因为如此行为只会离间彼此。俄国作家列夫·托尔斯泰在《智慧历书》里也说:"要警惕自己不可以言辞挑拨是非,破坏人们的团结。"我们须时时自我提醒,勿使自己的舌头犯下过失,所谓"是非止于智者",要能不说恶言、不传恶言;所有的是非、恶言,到我这里便能截止。

第二,要指导愚人,使其向善

"称人善者,人亦道善",生活之中不免会遇到口说恶言、搬弄是非的愚人。遇到这种人,我们应该发挥道德勇气制止他,甚至开导他,让他懂得慎言,请他不要陷人于不义。要让他能齿露芬芳、传人善美;美好的语言,如同优美的乐章一般,能长养众人的真善美。

第三,遇嗔恨毁谤,勇于辩白

所谓"好事不出门,坏事传千里",有些人好像与说好话有鸿沟,而有好谤言毁语的习性。甚至一句好话经过三个人转说,最后竟成为坏话;一点小事经过三个人叙述,往往变成大事。"毁谤人、欺负人,必损其阴德",当我们遇到瞋恨、恶意的话,听到毁谤他人名誉的言论时,要伸张正义,勇于替受害者辩白;否则起码做到自己不听,劝他不说。

第四,说善言爱语,令趣正道

"爱语如布帛,让人心温暖;好话如美玉,让人喜于引用。"我们若是口说恶语,当然自污其口;如果能吐露善美的话,即是"口中无瞋出妙香,脸上无瞋是供养",能说善言、爱语,就是帮助人、利益人,让别人因得到善言爱语,而能趣向正道。

"莫说他人长与短,说来说去自遭殃;若能闭口深藏舌,便是修行第一方"。所以我们应该提倡三好运动——"做好事、说好话、存好心",为人世间增添更多美好的色彩。

会说话的要领

在我们的生活里,离不开说话;人与人之间的交流、传达心意,都要靠语言来沟通。有些人说话随便,开口乱说,令人不敢与他亲近;有些人则叨叨不休,言不及义,时日一久,令人不敢与之相处。另外也有些人话不投机,意见分歧,就大打出手,甚至为了一句误会的话,相互仇恨几年。

所以,与人交往要重视会话的要领,这里有四点意见:

第一,语气诚恳,令人欢喜接受

说话,首先要让对方感觉到我们讲话的态度诚恳、语气正直。如果我们说的每一句话,总是发自肺腑,就不会因拙于言辞而造成别人的难堪,只要语气诚恳,即使是教训或是建议,也会像洪钟敲响,令人震撼,对方会因为你的诚恳而接受。

第二,见解深入,令人欢喜学习

说话要说一些有见解、有看法,有启发性、有建设性,能帮助别人解决问题的话。当对方因为听了你的话,感到"茅塞顿开"或是"豁然开朗",他就会心生欢喜而乐于学习。

第三,事理圆融,令人欢喜领会

说话,不能只讲空泛、不切实际的道理,也不能只讲虚浮、表面、没有理由根据的话。《华严经》讲"事理圆融",即是说将事和理融会贯通,才能让人欢喜领会。

第四,佛语法义,令人欢喜奉行

有人在弘扬佛法的时候,一味地说教、讲理,无法契合众生的根基和需要,说了等于没说。

因此,与人说话,最好能讲一些有利于他的生活、工作,或和他的家庭、人生、事业、生命相关的事。如此,法义才能真正利益大众。

一句善心美言,即是天堂的花香;一声嗔恨恶语,即成地狱的刀剑。会话的要领,是我们必须重视的。

忠言如良药

众生的根性，大都喜欢柔软语，不喜呵斥语；喜欢甜的，不喜苦的；喜欢顺心的，不喜欢违逆的。甚至喜欢随心所欲的逍遥，而不喜劳其筋骨的付出。但是，难道听好听的话，吃到甜头，人家顺着你的心意，又能够随心所欲，就是好事？在此提出四句警言，供大家参考：

第一，忠言逆耳利于行

当听到父母、师长、朋友、领导直言劝诫，或别人说话太大声、做事太粗鲁、态度没礼貌……不少人当下会觉得心中不舒坦，甚至恼羞成怒，故意说得更大声、东西摔得更响、举动更粗鲁，以此表示自己的不服气。

有句话说："只看到对方的刺，却没有看到自己眼中的梁木。"每个人都有自己的盲点，别人正直地规劝或许显得刺耳，但是如果能听进记下，必定有利于自己的行仪。

第二，良药苦口利于病

很少药是不苦的，也有聪明的药商懂得人"不爱吃苦"的本性，于是苦药包糖衣，骗过味觉。药虽苦，却是疗病所需，若为了不吃苦而损及性命,那就愚不可及。对习惯松散放逸生活的人,戒律、法规就犹如苦药,觉得是约束身体自由的绳索。但是,若贪享短暂的欢乐、逍遥,而犯规蹈法,甚至铤而走险,那就因小失大了。

第三,巧言顺心害于道

有些恭维的话,让人听了心花怒放;有些人说话很有技巧,拐弯抹角,让听的人不起戒心;有些人舌粲莲花,却没半句实话。修饰巧妙的语言,虽然让人觉得动听顺心,但是愈是好听的话,愈要琢磨其真实性。孔子说:"巧言令色,鲜矣仁。"又说"巧言乱德",是有其深意的。

第四,醇酒美色害于身

世俗人有视酒色财气为最大享受者,《佛本行集经》却说:"放逸自在,耽荒酒色不能舍离,譬如金屋猛火炽然,譬如美浆和诸毒药。"沉溺在醇酒美色中,一则会伤害身体,二则会耗损财产,对道德也没帮助。因此,切莫贪图好酒美色。

事相上所显现的好与坏,往往与本质的善恶有差距。别人对你好,也不见得真好;表面对你凶,也不见得真恶;吃到苦头,也不见得真坏;尝到甜头,也不一定占了便宜。能看清真相的人,肯定能过着较清明的生活。

语言的因果

人与人之间,语言是最直接的沟通工具,也是最直接的感受。《无量寿经》载:"粗言自害害彼,彼此俱害,修习善语自利利人,彼我兼利。"另外也说:"若人生世中,口常出刀剑;由此恶说故,常斩于自身;若赞于恶人,毁谤贤善者;由口生众过,定不受安乐。"这都是在说明语言表达的重要。因此,言谈之间,语言的修行是一门大学问,不能不重视它的因果关系:

第一,以言媚人者,人轻之

一个人一味用语言奉承他人,以谄曲的态度献媚他人,只会给人看不起,招致他人的轻视。像唐朝媚臣张易之、张昌宗兄弟,千年至今,仍为人所弃;清朝和珅,尽管言语讨喜,百年之后,也只留下"弄臣"之名。

第二,以言诱人者,人骂之

用语言诱骗他人上当,像人蛇集团、不法的职业介绍所,或诱骗少女,或诱拐年轻学子变坏,走上歧途,必定引起大众的唾弃,咒骂其不仁义、不道德。

第三，以言励人者，人敬之

所谓："与人善言，暖于布帛；伤人之言，深于矛戟。"能赠人善言，给人勉励，给人鼓舞，可以助人上进，增添信心力量，必然会得到尊重敬意。反之，若处处讥讪他人，就好比矛戟，伤人甚深。

第四，以言慰人者，人爱之

《维摩经》说："弟子众尘劳，随意之所转。"对于不同性格的人，就要有不同的对待方式。尤其能对苦难、失败者，施以开导，或软言慰藉，让他不伤心、不悲观、不退缩，会赢得他的信赖与敬爱。

第五，以言训人者，人畏之

在教育上，严与宽各有功用与意义。但是语言上的教训，也要让对方堪受得起，欢喜接受你的教导。否则过分地教训、过分地苛求，只有让人家看到你，就感到害怕、保持距离，那就失去教化的意义了。

第六，以言诳人者，人弃之

用语言欺诳骗人，当下或许不为人所察知，所谓日久见人心，对方一旦知道你在欺骗他、欺负他，他就会摒弃你，不再理会。如同土耳其谚语说的："爱说谎的人，即使他的房子烧光了，别人也不会相信他家失火。"

一句真话，可以生死相交；一句坏话，可以反目成仇。有谓："喜时之言多失信，怒时之言多失礼，哀时之言多失常，乐时之言多失态。"虽是一句话，因为语言的效果影响甚大，不能不重视引起的好坏因果。因此这六点"语言的因果"提供给大家。

如何听话

一般人对于说话,通常只讲究如何口若悬河、辩才无碍。说话,固然是一门艺术,如何会听话,更是一门学问。一个人如果不会听话,就不能通盘了解人事、人情,甚至不能了解人心;如懂得善听、会听,则家人、亲戚、朋友、领导、部下,甚至整个社会民情风俗、政经脉络,你都能了然于心。因为你从对方的言语里,得到很多的道理,得到很多的信息。因此如何听话?有四点看法:

第一,能知言者的人品

有些人一开口,就能从他说的内容里,知道他的品格道德。有的人喜欢挑拨是非、捏造事实;有的人言语如冰、语如荆棘;也有的人"乌鸦嘴",爱逢人说项,甚至口出脏话恶语。但是,也有人惜言如金,有人一语如千斤之鼎。像东晋王献之少言,宰相谢安赞许他贤良;俄罗斯作家索尔仁尼琴谠言正论,发人深省,其道德勇气,震撼世界。

第二,能知言者的意向

有时候,从言语中,也可以辨别出这话究竟是开导我,还是启示我?是责备我,或是要求我帮助他?所谓"弦外之音、意在言外",只要对方一讲话,虽然主题没有明说出来,我们也要能够察颜观色、审慎言听,从他的语言里,判断讲话的意向与动机目的。

第三,能知言者的识见

人云:"行家一出手,便知有没有。"只要对方一开口,我们便能从他的言谈举止里,了解他的知识、见解、思想,到达什么样的程度。但是,在洞烛他人之前,自己必须培养识人达事的修为,如《文心雕龙》所言:"操千曲而后晓声,观千剑而后识器。"具备深广的阅历与广博的识学,才能通晓世事、练达人情。

第四,能知言者的气质

对方一讲话,不论愤怒的言语,或者委屈的心声,语言代表他的心理状态,他的想法,从话里很容易就可以察觉出他的气质如何。有的人让你感受到他的气质高尚,如陶渊明《归去来辞》,淡泊不拘;苏轼《放鹤亭记》,超俗离尘;乃至禅门古德不慕荣利、俭朴洒脱,有着安贫守道、幽默慧黠的气质。但是也有人一跟你讲话,所谓"狗嘴里,吐不出象牙",三言两语,就让你觉得他的气质粗俗。

所以说,会讲话是学问,会听话则是智慧。我们从说话里,学习如何适切地运用语言,从会讲话里,更要懂得如何会听话,才能听出学问,听出道理,听出善巧。如何听话,这四点可以供我们参考。

说话之妙

古人说:"宁吃过头饭,莫说过头话。"可见说话要说得恰当,说得合时,说得合宜。不需要说而说是多说,该说又不说则不诚,不明就理而说是瞎说,乱传是非是胡说,所以,处世切忌乱开口,说出口的话要合于情理。朱熹说:"辞达则止,不贵多言",如何说话,才能受人欢迎?以下四点说明:

第一,为受窘的人说一句解危的话

助人不是只有在金钱、劳力、时间上的付出,"说话"也可以帮助别人。例如有一些人面对尴尬、不知如何下台的窘境时,你及时说出一句,可以帮他解危。像圆瑛大师的"不用打了,我自己走",化解维那师的尴尬,这也是助人功德一件。

第二,为沮丧的人说一句鼓励的话

西谚有云:"言语所赋给我们的功用,是在我们之间作悦耳之辞。"什么是悦耳之辞,就是说好话。说好话让人如沐春风,让人产生信心,遇到受挫、心情沮丧的人,能给他一些鼓励,给他一些信心的话,这就是以语言给他人力量的助力。

第三，为疑惑的人说一句点醒的话

孙武说："赠人以言，重于珠玉"。遇到徘徊在人生路口的人，遇到生活关卡左右为难的人，甚至遇到对生命产生疑惑的人，及时给予一句有用的话点醒，有时会改变他的一生，甚至因而捡回一条人命。

第四，为无助的人说一句支持的话

无助的人，对自我信心不足；无助的人，需要他人给予肯定，才有力量。这样的人，经常生活在别人的善恶语言中，一句言语，可以决定他的心情好坏。面对无助的人，我们应该多多给予支持的语言，让他对自己产生信心，肯定自我。

《说苑》："君子之言寡而实，小人之言多而虚。"话不在多，而在贴切与恰当，如孟子说："言近而指远者，善言也。"如果说话浅近，但是用意深远，这就是一句好话。所以，话要谨言慎语，才不会让人觉得轻薄，甚至招怨。

说话(一)

人与人沟通,说话是一项重要的方法、渠道。有的人习惯"见人说人话,见鬼说鬼话",见风使舵,内心谄曲;有的人喜欢"打开天窗说亮话",坦坦荡荡,开诚布公;而《金刚经》则教导我们要像佛陀一样"真语者、实语者、不诳语者、不异语者"。说话,到底要说什么样的话呢?有四点意见:

第一,说欢喜的禅话

在家庭里、团体里,彼此要讲给你欢喜的禅话,要说幽默风趣的巧话,可以带动活泼的气氛,人际关系也会更和谐。坦山禅师一句"不像人,像佛",解除即将吵架的危机;林肯一句"我到国会去",化解了场面的紧张与尴尬。一句欢喜的禅话,妙用无穷。

第二,说诚实的真话

你说出来的话,妄语不实,可能短时间察觉不出来,但是"日久见人心",只要让人听出你的虚假,听出欺骗,他就不肯再相信你了,这在人生旅途上,是非常危险的。所谓"真人面前不说假话",与人交往,若要长长久久,即使口拙,也要说诚实的真心话,千万不可以"睁着眼睛说瞎话"。

第三,说尊敬的美话

说话要能说得动听,动听的话不是巧言令色,也不是谄媚逢迎,而是从内心真诚发出赞美、尊敬、肯定的话。尊敬、赞美、肯定他人的语言,就像香水,小小一滴,就能弥漫四周,给人芬芳;在适当的时候,说几句好话,别人听了一定感到温馨,甚至感动在心。

第四,说利人的好话

我们每说一句话,都要想:"这对别人有帮助吗?"如果这句话说出来对别人没有帮助,说出来无益,甚至情况更严重,如同古人说的"愁人莫向愁人说,说向愁人愁更愁",最好就不要说了。要想,我不说话则已,要说就说利人的好话,让这一句话,帮助别人建功立业,让这一句话,增加别人信心力量,那才是有用的好话。

一个人要想家庭和乐、事业顺利、做人圆满,不断说以上这四种话,必定可以成功。

说话(二)

有时候,一句话能给人欢喜;有时候,一句话却给人难堪。一句话,可以让人得到很大的鼓励;一句话,也可以令人非常伤心。怎么说话才适宜呢?在《华严经》里有四句偈,告诉我们四种说话的修行方法:

第一,常作润泽语

佛陀教导我们,说话要"常作润泽语"。这样的语言,像天降甘霖,可以滋润大地,成熟万物。像唐德宗在听闻澄观大师宣讲妙法后,说:"朕之师,言雅而简,辞典而富……能以圣法清凉朕心。"你的一句善言真理,像甘露润泽众生,可以给他清凉,给他信心,给他成长,给他希望。

第二,闻者喜悦语

说话,要说得让听到我们说话的人,都能心生喜悦。所说的内容,要给他欢喜,给他助缘。假如说得令人感到难受,所谓"蛊犷语,苦他语,令他嗔恨语,如火烧心语,能坏自身他身语",这就不应该说了。

第三,善入人心语

古人有言:"一语动人心。"说话要说得能打动人心,好像法水流入他的心坎,深深地让他对你的话记住。一句"选官何如选佛",打动了丹霞禅师的心,成就了法身慧命;大颠禅师侍者的一句"先以定动,后以智拔",也拔除了韩愈的执着,让他欢喜而去。因为听你一句话,成为做人处事的准则,作为生命中的舟航,甚至息去烦恼,心开意解,放下自在,那真是功德无量。

第四,风雅典则语

说话的内容,要有一点风雅,要有一点格调,不能尽说些鄙俗的话。幽默、典雅的话可以增加趣味,令人愉悦;智慧、思想的话,可以自我勉励,成为人生的指路标。让听到你的话的人,觉得受用,他就肯接受了。

经典说:"远离说过、轻慢、叹毁、怨嫌等四事,修摄其心,可以得到安乐。"十善业中,口业就占了四种,因此,能说以上这四种好话,不仅他人欢喜,自己也能得到安乐,可以说是一门自利利他的最佳修行之道。

说话(三)

人从生下就牙牙学语,学习讲话。可是有的时候活了几十年,还是说不好话。说话,不是说多,就表示会说。过去有一位年轻人缴了10块钱学费,跟着苏格拉底学习讲演。在他大放厥词,陈述一番"讲说如何重要"后,苏格拉底跟年轻人说:"你要缴20块钱。"年轻人不解:"为什么我要加一倍钱呢?"苏格拉底说:"因为我不但教你说话,我还要教你不说话。"

如何把"说话"这门功课修好?有四点意见:

第一,对好朋友要说知心话

所谓"相识满天下,知心能几人",既是好朋友,就要说知心的话,尤其"人之相知,贵在知心",你和好朋友深入谈话,真诚恳切,甚至有时候,有一些话不足为外人道,都可以和好朋友倾诉,彼此相互提携、成长,这是非常难能可贵的情谊。

第二,对普通人要说客气话

有谓"交浅言深,君子所戒",对普通交情者,只能如古人所言:"逢人只说三分话,未可全抛一片心。"因为,彼此情谊还不到一个程度,他不能了解你的心意,讲话就不能随意而说,或者说得过于亲昵熟稔,否则就不得体了。因此,对普通人说话即以谨慎、客气、尊重为要。

第三,对失意者要说激励话

"富者赠人以财,仁者赠人以言",有些人受到挫折,你要给他适当的鼓励;有些人生病了,你要给他柔和的安慰。有时,只是一时的失败,或是短暂的失意,你给他一点激励的话,就是为他加一把力,好比汽车没油了,你加个油,就能增加动力,走得更远。因此对失意的人,要说激励的话。

第四,对年长者要说诚恳话

长者前辈,积累了人生宝贵的经验体悟,丰富的见识阅历,因此我们跟长者说话时,不可玩弄小聪明,或是自以为是,对他们要说诚实的话,让他感受到我们对他的耿直、坦诚、尊重,长者们才会看重我们,这也是年轻人应该要注意的。

说得太多,不好;说的对象不对,也不如法,如何说话?这四点意见提供我们参考。

说话（四）

每个人每天都要说话，从早说到晚，从小说到大。说话，有说话的艺术，说话的巧妙。有的时候，说得不好，自己不知道；有时候想说好，却又不知从哪里说起。以下四点，可以作为我们检视自己如何说话的方法：

第一，不知而说是不聪明

所谓"知之为知之，不知为不知"，不知道的，就不要说。你不知道，又要故弄玄虚，牵强附会，甚至说错了，或说得不得体，说得不合题，这种"强不知为知之"，就是最大的不聪明。常言道"不知者无罪"，这还不如不说为好。

第二，知而不说是不忠实

有时候你知道事情，却不肯说，这是不忠实。佛教的"妄语戒"，不只是说谎、诳言才叫妄语，知道实情而不说，这也是一种妄语。你知而不说，耽误事情，造成遗憾，甚至引起误会，都是不当的。因此，你知道而应该说的，就应该坦诚，应该忠实而说。

第三，想而不说是不坦诚

有些人性格比较怯弱犹豫，常常话已经到了嘴边，却还是开不了口。这表示内心的勇气不足,还不够坦诚。事实上,有些事情应该说的,还是要说。比如知识,可以布施给人;关怀,可以温暖别人;信息,可以共同分享,这些说出来,都是可以交换意见,彼此交流,利益自己,也利益他人。《净名经》云:"直心是道场,直心是净土",你能坦白诚恳,这就是修行的道场。

第四,不说而说是不机智

有些场合不必说的,他画蛇添足地说了;或者有些场合,不需要多说的,说得太长、说得太多,这都是不机智的。好比有些典礼中,主办单位礼貌邀请来宾致辞,内容就要愈短愈好。假如你说得太长,言者谆谆,听者藐藐,甚至令人哈欠连连,不但不受欢迎,反而失去意义。

以上这四则说话的要点,不得不注意。

说好话

说话,是人际关系中最直接、最频繁的沟通,看似容易,却极有学问。同样一句话,有人说来很中听,有人说来很刺耳;有人说话三冬暖,有人开口六月寒。有人说话婉转含蓄,有人说话尖酸刻薄;有人说话真诚实在,有人说话虚情假意。有人说话总是让人欢喜雀跃,有人说话总是令人苦恼厌烦。所谓"一言兴邦,一言丧邦",会不会说话实在重要。会说话,并不是指专拣好听的话说,而是掌握说话的态度。在此提出说话的"四不"原则,供大家作参考:

第一,说话要不夸大而务真

有些人讲话欢喜夸大其辞,小事说成大事,小缺点说成不得了的坏事,小失误说成不可原谅的大错,这样夸大不实的说话,久之就没有人会相信。因此,据实以言是最好的说话方式。

第二,说话要不猜疑而存信

人与人之间能够彼此信任,才能和谐相处。有些人在交谈时,总会强调:"我讲的是真话、我不会骗你。"为何要如此强调?因为怕对方不相信。人的诚信能从说话中一探深浅,有智慧的人可以从与他人交谈中,来判断此人是否值得信任。如果我们说话一向都诚而有信,就不会引起他人的猜疑。

第三,说话要不渲染而平实

有一些人讲话喜欢渲染,有点成就,就夸耀成不可一世的智者,随手做件好事,就吹嘘成济困扶危的大善人。常以渲染方式来表达,所说的话会让人自动打折扣,反而惹来讪笑。自然平实的话语,是正确的说话态度。

第四,说话要不扭曲而正直

有些人常常喜欢扭曲别人的话,断章取义,曲解他人的意思,甚至故意造成误会,让对方百口莫辩,这样的心态真是残忍。一个成熟、诚实的人,切记说话不可以扭曲,要正直。

说话的"四不"原则非常重要,可以让我们有和谐的人际关系,让我们处世更圆融。希望大家在开口之前,都能提醒自己。

声音

这个世间,有大自然的声音,有各种乐器的声音,有人们说话、唱歌的声音,也有虫鸣鸟叫的声音。有些声音让人心旷神怡;有些声音让人肝肠寸断;有些声音让人陶醉神往,百听不厌;也有些声音让人心血澎湃,士气大增,到底哪些声音令人欢喜;哪些声音让人烦躁呢?有下面四点:

第一,最难听的声音是讥讽

讥讽的音声,来自对他人成就的忌妒;讥讽的音声,来自对他人不足的嘲笑。这样的声音,会让人觉得荆棘遍布、愤懑恼怒;这样的声音,会让人觉得气馁沮丧、羞愧难过;这样的声音,让人心生泄气,想要逃离。因此,讥讽的声音是最难听的声音。

第二,最好听的声音是赞美

莎士比亚说:"赞美是照在人们心灵上的阳光,没有阳光,我们就不能生活。"可见每个人都需要赞美。赞美的声音,可以增加和谐、温暖的气氛;赞美的声音,可以增加美好、友爱的感情。赞美,会启发人们潜在的能力;赞美,会让人心甘情愿奉献自己。所以赞美的声音,就像甘泉一样让人觉得滋润甜美。

第三,最动听的声音是鼓掌

掌声,代表接受,代表鼓励,代表友好,代表认同。它会让懦弱者得到自我肯定,它会打破人与人之间的藩篱。掌声是激发自信的助长剂,是鼓舞人们向前迈进的滋养剂。所以,掌声能让人获得信心,掌声能让人受到鼓舞,掌声能让失望的人得到希望,掌声能让跌倒的人爬起来,所以掌声是最动听的声音。

第四,最耐听的声音是寂静

所有声音过去后,寂静是无声之时。它不用透过耳膜振动,不用靠空气传播,聆听它,可以消除疲劳,可以真实面对自己,这是宁静、平缓的心声,可以远离见闻觉知,没有思量计较分别,这是最耐听的时候。

世间声音纷纷扰攘,你听到的是什么声音呢?

声音的力量

声音可以传达感情,也能表达情绪。有的声音让人戒慎恐惧、毛发竖立,这是声音引起的反应;有的声音让人心情放松、心定神宁,这是声音产生的效果。无论讲话或唱歌,都能发挥声音的力量,以下分四点谈声音的力量:

第一,柔和的音声,令人心生欢喜

柔和的音声,可以让强硬顽固、狂暴急躁的人,心性变得柔软;柔和的声音,可以让身心疲倦、情绪紧绷的人,精神得到舒缓,这就是柔和声音的力量。例如近代歌手邓丽君,她甜蜜的嗓音,在海峡两岸发挥了很大力量,得到许多人的喜爱。所以讲话不要粗鲁,带着温柔、和平的音调,必定会给人听了很欢喜。

第二,正义的声音,使人荡气回肠

古德云:"立志而不存于忧世,虽仁无益也。"有志之士,在公义道德之前,决不图苟存,而是宁死御侮。印度安贝卡博士,起草印度宪法,废除贱民制度,率领 50 万贱民,皈依倡导众生平等的佛教,立志改变贱民的命运,此维护公理正义之声,使人荡气回肠,至今令人怀念不已。

第三，慈悲的声音，使人终生难忘

慈悲胜于一切物质的施舍，物质只是身外之物，只有慈悲才能深入人们的精神感情。当你面对他人的错误时，你能诚心地给予谅解教导；面对他人的病痛时，你能发挥爱心，给予关怀慰问；面对他人烦恼困扰时，你能耐心地给予辅导提携，这样的声音，必定会让他终生难忘。

第四，赞美的音声，让人如沐春风

所谓"良言一句三冬暖，恶语一句六月寒"。每个人都欢喜听到别人的赞美，所以我们对人讲话，也要说赞美的语言。赞美的语言并非绮语或妄语，而是不违礼义、不矫情作态的真实语，这样的语言，让人听了能增加信心，获得鼓励，犹如沐浴在春风里。

说一句赞美他人的话，不会引起他人的慢心，说一句慈悲柔软语，也不会有损自己的利益。但是，说一句批评诬告之语，却会让人如陷泥淖，说一句恶言怒骂之语，却会让人懊恼沮丧。《孟子·尽心上》篇载："仁言不如仁声之入人深也。"既然如此，我们为何不多说好话，让彼此都能获得好心情；让彼此增加善缘、增加力量呢？所以，"声音的力量"有上面四点。

不可说的话

说话不只要说得有学问、有艺术、有技巧，还得看时间、看地点、看对象……台湾俗语云："饭可以随意吃，话不能随意讲"，主要在告诫我们，开口之前必须细细思量，哪些话能说，哪些话却是万万说不得。波斯有句格言："枪伤或许还可以治疗，唇舌造成的伤口却永不愈合。"足见言语的力量是如何巨大。什么话不可说？

第一，不分青红皂白的话不可说

现今是个实事求是的文明时代，说话须秉持"有几分则说几分"的原则，倘若信口开河、不分青红皂白、随便乱说，将会惹下祸端，造成莫大的影响与伤害。有谓"一言兴邦，一言丧邦"，无法确认的言语，还是有所保留为宜。

第二，不知轻重缓急的话不可说

心中有言不吐不快吗？讲话，除了自己所知所想以外，还需懂得分辨轻重缓急；有急迫性、非处理不可的，是比琐碎杂事更为要紧，或是对大家有用处、关系利害得失的，皆可列为重要的话。总之，话有轻重缓急，要仔细考虑，不能随便乱说。

第三，不懂人我立场的话不可说

有的人说话，不问张三李四，也不顾你我他，一有什么事就表示意见，就随便乱说，毫无顾念他人的立场，不懂得体谅对方的感受，如此，往往造成不必要的误会。说出的话如同覆水难收，所以还没有弄懂别人的立场之前，不能随便先说。

第四，不明上下伦理的话不可说

长幼有序，上下有礼，面对不同职称、身份的人，有不同的说话原则，如对顶头上司说话，自然与家中同儿女对谈的方式不同。每一种身份，亦有符合自身的说话模式与特殊用语。当无法断定对方的身份，不明上下伦理、利害、得失、关系之际，奉劝还是少开尊口，以免铸成大错。

《墨子·墨子后语》里，子禽问墨子，多说话有什么益处？墨子说："蛤蟆、蛙、蝇，日夜恒鸣，口干舌擗，然而不听。今观晨鸡，时夜而鸣，天下振动。多言何益？唯其言之时也。"因此，话要说得适时、说得中肯、说得确实、说得有理；说好话、说恭敬的话、说明理的话、说大家都可以接受的话，这是很重要的。此四点，是我们每一个人说话时应切记的。

微笑

世间上最美丽的东西是什么？是微笑；最动人的表情是什么？是微笑。我们最喜欢看到的，也是笑容可掬的脸庞。处于陌生的环境，一个微笑，就能融化所有不安。人际关系有了芥蒂，看到一张微笑的脸，不愉快也就烟消云散了。生活中碰到艰难，一个鼓励的微笑，困难窘迫仿佛有了转圜的空间。沮丧的时候，一个理解的微笑，沉到谷底的心也就得到温暖的慰藉了。微笑的魅力，有时远出意料之外。微笑的力量有多大？

第一，微笑使烦恼的人得到解脱

当我们处在烦恼、痛苦当中，忽然碰到一张微笑的脸，自己愁眉深锁的脸就稍稍开朗，僵硬的肩膀也略为放松，顿时发现世界并不如想象的那么灰暗无光，原来微笑竟能为自己带来解脱、逍遥与自在。

第二，微笑使疲劳的人得到舒适

当我们埋头苦干，又疲又累，觉得浑身无力，好似用光了最后一分力气时，旁边的主管、领导或亲人，适时给个赞美、微笑，亲切地拍拍我们的肩膀，我们会发现所有的疲劳，好像随着这个微笑云淡风轻,全身又充满了力气,充满了能量。

第三,微笑使颓唐的人得到鼓励

生活中难免会有提不起劲做事的时候,不仅精神萎靡不振,情绪也会无来由地不舒坦、不高兴。此时若接到周围的朋友、同事、家人投来安慰的微笑,说一句激励的话,我们马上会提振精神,甚至发愿要以奋发向上来报答他人的关怀。

第四,微笑使悲伤的人得到安慰

当生活上遇到不如意,受到委屈不平,或在职场上受到排挤倾轧,受到诽谤讥讽,而觉得伤心难过时,若有几句安慰的话或温和的笑容,会让我们得到莫大的慰藉,可能立刻就把悲伤抛到九霄云外了。

有个故事说:一位独居的小姐听到敲门声,打开门,竟然面对一个持刀的年轻人。她看他微抖的手上拿着一把菜刀,便强作镇定笑着问他:"你卖菜刀呀?多好,我正打算买一把呢!"错愕不已的歹徒,收下她递过来的100元,一溜烟地跑掉了。微笑就有这样的魅力,令凶狠的心柔软下来,令暴戾转为祥和,令悲痛得到止息。你有多久没有微笑了?要记得拾回这个人人本具的魅力。

卷二 | 传家之宝

常保喜悦,无论长寿与否,
这一生总是充满了阳光,
是个丰收的人生。

爱的种类

所谓"爱不重不生娑婆",我们都是因为有"爱",才来到这个娑婆世界,所以这个世间,就是一个爱的世间,我们的人生,也是一个爱的人生。

"爱"可分为好的与不好的,因为爱有爱的方法、爱的条件、爱的时间、爱的空间,如果爱得不正当、不正确,那就是染污的爱。现在将"爱"的种类分为四点来讲:

第一,贪爱是肮脏的尘埃

西谚有云:"贪爱,会让自己本有的东西也丢了。"因为贪爱,永远不会满足自己所拥有。就如从前有位樵夫,拥有一只漂亮、歌声动人的银鸟。当邻居告诉他金鸟比银鸟珍贵千倍之后,樵夫每天想要拥有金鸟,再也不理会银鸟。最后,当银鸟离去的刹那,樵夫在夕阳下,看见银鸟变成美丽的金鸟。这就是贪心不足,而忽略自己本有的东西。

第二,溺爱是烦恼的种子

父母对子女娇惯宠爱、老师对学生偏心放纵、主管对下属蔽贤宠顽,都是溺爱。溺爱,抑制他人学习的空间,除了让他不能独立成长外,更因为你过分地顺从,而让他发展出不健全的人格。我们看到一些失足的青少年,大半是来自溺爱的家庭。所谓"除草要趁早,教育要趁小",过分地溺爱,就是失败的根源。

第三,错爱是祸患的起因

爱错了,就是错爱,爱错之后,后患无穷。陆九渊说:"事之至难,莫如知人。"一个企业,错用人才,必造成亏空营损;一个国家,错用大将,带来的灾难,更是生民涂炭。战国长平之战,赵王不听蔺相如之劝,错用赵括,导致全军覆没;三国诸葛亮不听刘备交代,错用马谡,导致街亭失守,这都是说明知人事大。因此错爱是祸患的起因。

第四,纯爱是无染的奉献

贪爱、溺爱、错爱都是不好的爱,但是也有纯洁的爱、慈悲的爱。这种爱,没有占有的欲心,没有偏袒的私心,更不是企图的邪心,而且是一种无私的牺牲奉献,以及无怨无悔、乐于助人的心,甚至是唯才是用、提携后辈的心。这种爱,关怀他人,公平公正,知人善用;这种爱,不是曲意迎合的谄媚,不是毫无原则的乡愿。这样的爱,才是纯洁无染。

爱的含义很多,爱的方式更多。爱,原本是美好的、是善良的,但是用错了,就会造成祸端,所以爱要爱得有智慧、爱得正当,更要爱得有方法、爱得清白。这样的爱,才不会带来负面的影响,这样的爱,才能享受爱的真谛。所以"爱的种类"分为上面四点。

爱的力量

有时候,一句话、一个念头会让人产生力量,这些力量的来源是因为有"爱"。"爱",是让女人每天面对柴米油盐酱醋茶,可以不起烦恼、欢喜承受的力量;"爱",是让植物人再度苏醒,或是残疾者努力站起来的力量;"爱",是让事业失败、学业受挫、心灵受伤者,重新面对人生的力量。所以,"爱"是世间最大的力量,爱的力量可以分为下面四点:

第一,自私的人,因爱而变为慷慨

让自私悭吝的人变为慷慨的原因有二:一是别人对他的爱心、照顾关怀、无私施予,让他察觉自己一味接受他人,难道不能有一点回馈?因为别人对他的爱,让他慢慢转变为慷慨。另一种是让自私的人,转变为慷慨的原因是让他的心中有爱。心中有爱的人,才能不自私,没有计较地为对方付出。

第二,怯弱的人,因爱而变为勇敢

有的人生性胆怯,什么话也不敢说,什么事也不敢做,甚至夜路也不敢走。如果有人给他鼓励、给他勇气,让他觉得有一个精神支柱可以依靠,他会转为勇敢。另一种爱是母性的爱,为了保护子女,让原本怯弱的个性,变为勇敢坚忍;还有一种像秋瑾一样的民族义士,不都是因为"爱"而牺牲生命,在所不惜吗?所以,爱可以让人勇敢无畏。

第三,怠惰的人,因爱而变为勤奋

一个懈怠懒惰的人,因为你的热心带领,甚至协助他做事,维护他的荣誉,因为你的爱心而感动。一些生性懒惰的人,都因为让他开心,或是让他成为朋友,开始变得勤奋。所以面对怠惰的人,不要鄙视他们,而以真诚来对待他们,让他心甘情愿地付出。

第四,刻薄的人,因爱而变为宽容

有的人性格卑佞刻薄,生性不肯慈悲、不肯施舍、不肯助人,这样的人不懂得爱人。他们的眼里,只有自我,不能以同理心去体会别人身心的感受,所以才会以尖酸刻薄对待别人。这时,你要以爱来感化,甚至以更大的宽容慈悲来对待,他会因为你的容忍礼让,惭愧自己的狭小气窄,于是会改变自己。

有爱,才能接受别人;有爱,才能彼此尊重。人人有爱,就能宽恕,无所责怪;社会有爱,就能扶持,没有侵犯;国家有爱,就能安居,没有战事。因为爱,才能包容他族;因为爱,才能援助弱小。爱是无私仁慈,希望别人比我更好;爱是默默奉献,不计较有无回馈;爱是化解灾难,不会记恨挂仇。

什么是爱

"爱"是人类最希求的感受。世界上并非只有男女的情爱才叫作爱,父母儿女之间的亲情,兄弟姊妹之间的手足之情,朋友之间的友情、同胞之爱、袍泽之谊,都是情爱。有些人"身在福中不知福",纵然在充满爱心的环境中生活,依旧觉得没人爱他。究竟什么是爱?在此提出生活中四种平淡却弥足珍贵的爱:

第一,母亲的慈颜是爱的滋润

《诗经》说:"父兮生我,母兮鞠我,拊我畜我,养我育我,顾我复我,出入腹我。"母亲永远是慈容视我,爱语对我,即使偶尔的呵斥,也是慈悲的呵护,怒容后面是极大的慈爱。母亲的慈颜滋长润泽我们的生命,你感受到了吗?

第二,父亲的嘉许是爱的鼓励

大多数的父亲都扮演训导的角色,严格要求子女,但这些都是"恨铁不成钢"的用心。父亲的严肃,虽然令多数的子女胆怯,但当父亲看到儿女的人品、道德、成就,他的颔首微笑、隐藏在眼里的认可,却是最大的鼓励。为人子者,应善体父亲不形于色的赞美、肯定与嘉许。

第三，朋友的宽恕是爱的施与

佛教里将善友分为两种："有友如地、有友如山"。如大地的朋友，可以普载我们，如山的朋友，可以让我们依靠。善友会包容我们的不足，原谅我们的莽撞，宽恕我们的粗心大意。我们要珍惜朋友这种珍贵的布施，在成长的道路上施与我们无畏。

第四，社会的支持是爱的缘分

一个人生在天地之间，无法真正离群索居，日用所需均要仰赖社会大众的支持。没有农牧百业，则缺衣乏食；没有信息服务，则与世隔绝；没有警政治安，何求安居乐业？每个人都依赖社会大众给予的支持，因此也应该为社会的安定付出一己心力。能同处一个社会，彼此互赖相助，是何等难得的缘分，我们应善加体察。

处在爱的世界，如入芝兰之室，久而不闻其香。若能时常记得自己无时不享受父母、朋友、社会源源不断给予的爱心，我们就会庆幸自己有多幸运，并且对世界充满感激之情，不再抱怨人情冷暖、社会无爱。在此提出四种珍贵的爱，希望大家都能体会与珍惜。

爱与恨

"爱"与"恨"是一般人最常有的情绪。待人处事,见到好的、喜欢的、顺意的,就起贪爱之心;见到不好的、讨厌的、不合意的,就起嗔恨之心,千万个念头就在爱与恨之间打转。其实,嗔恨的情绪固然不好,如果太贪爱顺意的事,对修心养性亦无好处。虽然无法要求每个人都"太上忘情",但对爱恨之情,至少应有下列四点认知:

第一,爱人犹如爱己

每一个人最爱的是自己,也希求他人的爱。爱人与被爱是因果关系,你如何敬爱他人,必能得到他人相对的敬爱,所谓"敬人者人恒敬之,爱人者人恒爱之",因此,爱人应犹如爱己。孝顺父母、尊敬师长、爱护朋友、教育子女,都要禀持这样的心态。能以爱己之心爱人,方是真正的爱。

第二,助人犹如助己

战国时代赵盾,曾游历桑间,见到大批饿殍,于心不忍,因而广为施食。后来,他得罪晋君,晋君暗中叫人将他的马车拆下一个轮子,然后放狗咬他,赵盾匆忙之间上了马车,马车却无法动弹。忽然,有人冲过来,扶着缺了轮子的马车,飞快地帮助赵盾脱离险境。

赵盾问："扶轮的是谁？"那人回答："我是昔日桑间的饿人，为了报答您施食之恩。"有能力帮助他人时，不要想到自己是牺牲奉献，不要认为自己吃亏损失。古人常讲积阴德，能助人犹如助己，没有受施、施者、施物的念头，就是积最大的阴德。

第三，恨人犹如恨己

我们如果对人常心存恨意，这股怨恨之气，在未伤人之前，就已伤害到自己。心中常怀怒气，无形中，就会散发一股戾气，无法有祥和的容貌，致使周围的人敬而远之，而不想亲近，损失最大的还是自己。因此，有智慧的人要谨慎防范自己的嗔恨之心。

第四，害人犹如害己

仅是心怀恨意，都会造成负面结果了，何况是害人？有些人不懂这一层道理，为了些许小利，处心积虑地想害人。其实，凡是损害别人者，最终还是损害到自己。佛经中说，如同送礼给人，人家不接受，你只得把它拿回来自己用。《四十二章经》中说："仰天而唾，唾不污天，还污己身。"害人犹如害己，切勿有害人之念。

爱与恨是凡人最常有的情绪，当爱、恨之心起时，请谨记下列四点，无形中必能为自己积功累德，消灾远祸。

惜福与自爱

现代民生富裕，物质丰富，惜物惜福的风气渐渐消失了。其实任何东西都不只是物质价值，即便是一张卫生纸，也要多少木材、纸浆，及人力、时间才做得出来，要花费许多工夫，岂能不珍惜？所以，珍惜福报不仅是珍惜物质，也是珍惜"因"与"缘"。因此，知道惜福的人，才是真正懂得珍惜善因好缘，懂得爱护自己。关于惜福与自爱，阐述如下：

第一，要想得福先惜福

人生有多少福报，就好像在银行里有多少存款，存款多，就不怕将来有所不便。所谓福德因缘具备，有福报的人，好因善缘具足，处众、处事都会很顺利。没有福报，等于欠了债，到处要偿还人家，生活在亏欠中，不自在。因此，要想得福先惜福，你要爱惜福报，就如同珍惜存款，才得以慢慢享用。

第二，要想无病先健身

身体健康无病，是"果"；运动、保健、饮食调合，则是健康之"因"。如果作息不正常，昼夜颠倒，饮食不均衡，又不注重运动强身，容易"未老先衰"，在体力充沛的青壮盛年，就整天没精打采，浪费大好生命。因此，要充分体验生命，要先有健康的身体；要无病，要先爱护自己，保健自己。

第三，要想爱人先自爱

最好的自爱方式，就是充实自己的内涵，提升自己的能力。俗语说："腹有诗书气自华"，一个人的德学、涵养会在举手投足间展现。你若有"诚于中，形于外"的功夫，自然会吸引他人的眼光，健全自己的条件，自然就能获得他人的青睐。因此，要想爱人，要先自爱。

第四，要想求知先读书

每个人都希望自己高明一点，多学一些技术，有更丰富的常识，能力不落人后。这样的想法就是自爱的表现，是值得鼓励的。但是，聪明智慧不是天上掉下来，也不是从地上自动蹦出来，它必须要靠自己努力得来。想求知，先要读书，你书读得多，知识丰富，自然就会识得人情义理，知道应对进退、通情达理，让自己的智慧更臻圆熟。

惜福与自爱，在我们生活里很重要。懂得珍惜自己眼前所有，不管是健全的身体，还是物质条件，才能保住已有的福报；懂得爱惜自己的色身，并努力增品进德，福报才能更绵长。

怎样慈爱？

谈到"慈爱"这两个字，立即让人联想到耐心抚育儿女的母亲，或是爱护后学的师长，所以有"寸草春晖""春风化雨"的比喻。佛门所说的"慈悲"，又比"慈爱"有更高的境界。"慈"是给人欢喜快乐，"悲"是拔除烦恼痛苦。笑口常开的弥勒佛就是"慈心"的典范。千处祈求千处应的观世音菩萨，则是最具有"悲心"的代表。一个人可以什么都没有，但不能没有慈悲爱心。因为人人都希望得到人家对我们的慈爱，我们本身又怎能不以慈爱之心来对人呢？要怎么样慈爱？提供四点意见：

第一，以温柔对待倔强

我们以"云""水""冰"的本质来看，其元素成分相同，只是水遇到的酷寒气流，很快便凝结成固体的冰块。要使冰雪融化，还要暖洋洋的大气流才行。如果再遇到热情照的阳光，水很快就升华成为云朵，可以在蓝天上飘浮。同样的，一个倔强的人，要以温柔的心来对待，才会把刚硬的外壳卸下，将内在美好的本质流露出来。

第二，以宽容对待刻薄

刻薄的人，心田较为贫瘠，一时之间生长不出好的作物。只要给他养分，让他觉悟到他本身也有"佛性之田千亩，在自己的内心当中"，自然他也变得宽容、厚道。"以牙还牙，以眼还眼"这句话，听起来好像有理，但是不能解决问题，反而会"雪上加霜"。唯有打开胸怀，宽心包容，这样才能化育有情。

第三，以热诚对待冷漠

"冷漠"二字，看起来不是太错，但是如果整个社会变得冷漠了，那么，这个社会也不适合居住，因为这社会不能使人心灵成长，甚至还会向负面发展。人之所以会对待事物与生命冷淡、冷漠，多半是后天缺陷的环境所造成的。要化解心灵的寒冷，就要像阳光能融化冰雪一样，持续地用热诚来对待。

第四，以慈悲对待嗔恨

嗔心大的人，就像身上带着有毒的火焰，人人都害怕受到嗔恨之火的焚烧。比如历史上的吕后，她原本是个聪慧的美人，但是因为一念嗔恨之心，使她变得十分残酷。这时候，无论外表如何美丽，都会把旁人吓跑。但是嗔心既已发作，如果不能遇到善知识来引导，这个人也只会变本加厉，一味地残酷下去，受害的人就更多了。想要成为嗔心者的善知识，首先要让对方明白因果的道理，再以慈悲柔软的心意，为有病的心灵拔除痛苦的病根。

慈爱之心犹如春天的太阳，能够给予众生欢喜信心，润长养众生的心田，得以度化无数的有情。

爱

人间有爱,才有温暖。人除了爱自己、爱家人、爱朋友,也要爱社会大众,让爱嘉惠更多人。爱的方式很多,但是要爱得正当、爱得有意义。因此,对于"爱"有四点建议:

第一,财富要能分享大家

真正的拥有不在于个人的独占,而是能分享给大众。好比古圣先贤,总是努力地将智慧财富留给人间,把道德财富留给人间,把功业财富留给人间,不惜一切地将财富给后辈分享。财富不只是金钱的布施,智慧、力量、欢喜、经验,甚至自己拥有的一点东西也都是财富。懂得运用财富,将财富与大众分享,才是真正富贵的人。

第二,名位要能庇荫众人

有名有位的人,最忌志得意满,应该顺势挺身而出,为人民谋福利,帮助他人排难解纷。历史上,如包青天为了公理,替人民伸张正义;苏东坡上表朝廷,呼吁宽免百姓官债;司马光为官以利益天下苍生为己任,不能则愿引退等,都是居上位而积极争取百姓权利者。又如许多知名演艺人员,在成名之后,不但投入公益活动帮助弱势,更出钱出力协助贫困。这都是名人庇荫众生的典范。

第三,知识要能传授后人

知识的获取只是个人生活中的一部分,知识的传承也很重要;将自己的技术、才能、经验传授给人,在佛教里称作"法布施",不仅能改善人们的生活,还能开发人类的智慧,利益更多人,实在是功德无量。现在各行各业也都讲求经验传承,以培育新一代优秀人才来延续事业的发展。不吝于传授知识的人,会在历史上留下功德。

第四,感情要能广结善缘

很多恋爱中的男女,常为了一点小事而起争执,最大的原因就在于自私、占有。倘若能将感情升华,从对一个人的爱,扩展到对广大人群的爱,给予众生无私的奉献,让伤心人因爱而获得喜悦,让气愤的人因爱而获得平静,如此,不但缘结得广,感情也会更显得高贵了。

德裔瑞士作家海塞说:"被爱并不是幸福,爱人才是幸福。"每个人都拥有爱人的能力,多爱别人一点,别人感动,自己也欢喜,何乐而不为呢?

感情

有句话说"情不重,不生娑婆",因此佛教里称人为"有情众生"。感情是人生活的重心,感情给予人生命的意义。但是,感情有净化的、污染的;有正派的、邪恶的;有奉献的、占有的;有大公的、自私的,不论处事接物、人际往来,处处都有情。会把桌子排整齐、把地扫干净,是对周围环境有感情,所以才要维护;喂猫、狗进食、替花草浇水,是对动、植物有感情,所以才会照顾。感情的利弊很多,究竟如何运用?有四点意见:

第一,用智慧来领导感情

有一位法国哲学家说:"用感情生活的人生命是悲剧,用思想生活的人生命是喜剧。"短暂冲动的感情,令人盲目,一味滥用的感情,不能长久。所以人要经常自我思考反省,应该这样爱法吗?是动之以情吗?爱得正当吗?唯有智慧领导的感情,才不致出差错。

第二,用正派来净化感情

情感得当,可以成就美事,用情逾矩,则可能偏邪。正派的感情,光明善良,引导人不断上进;邪恶的感情、或嫉妒、或利用、或只以自己的利益为出发点,掺杂爱恨情仇的情绪,恐怕就要招致祸害的发生了。因此,要用正派来净化感情,你为人处世,具有廉明公正之情,即使身处泥淖中,也会是一朵清净的莲花。

第三,用无私来奉献感情

许多恋爱中的男女,到最后感情上出了问题,为什么?原因就在于自私。或者一心想要占有对方,或者对方所作所为不如己意,就生气忿怒,甚至做出泯灭天良的行为,令人不胜唏嘘。若能出于无私、奉献,不是占有,不是欺骗,我为你好,你为我好,不计较、不比较,彼此信任的感情,才走得长远,才显得高贵。

第四,用慈悲来升华感情

感情就是爱,但是爱往往有所局限,因此要用慈悲来升华感情。学习把对"一个人"的爱,延伸到对家庭的爱;对家庭的爱,推及为对社会的爱;对社会的爱,扩大为对全人类的爱。将爱扩而大之,从小我升华为大我,就是一种慈悲。

人是感情的众生,运用得当,人生才会灵动,才见圣洁,才有色彩,才有意义。

友谊

常有人慨叹:"相识满天下,知心有几人?"春秋战国时,伯牙痛失知音子期,从此破琴绝弦;唐朝李白、杜甫一见如故,相互砥砺切磋,将唐诗带入另一番境界。舍利弗和目犍连是同学道友,互相称赞提携,道情法爱令人欣羡。朋友不但是我们情感、生活上的伙伴,也是惕励自我、相互扶持的助力,这样珍贵情谊要如何维护呢?

第一,危险来袭时,互相支持

古谚云:"世事无端何足许,但逢好友共解愁。"《世说新语》中,荀巨伯宁以自己的性命,换取友人的安危,不但感动攻城的盗贼,也拯救了全城居民的性命。遭逢危险的时候,好友会给我们鼓励与支持。

第二,阻碍遍地时,互相勉励

现今有网友彼此相约自杀的情形。事实上朋友应避免在苦恼中,以消极的情绪彼此影响。《大般涅槃经》言:"有智之人,以善方便得脱五阴。"善方便,就是八圣道、六波罗蜜、四无量心等方法,以正向思考,互助互勉,共同跨越生命中的阴影。

第三,柳暗花明时,互相喜悦

朋友固然在彼此贫贱困苦时,不离不弃,当获得成功,才华得到认同时，也要真心分享欢喜荣耀。好比子路所言："愿车马衣裘与朋友共"。朋友是不论荣、枯都能一生相伴的人。

第四，挫折失败时，互相提携

明万历年间，紫柏大师与憨山大师结为知交，彼此商讨刻藏、续修灯录、复寺等佛教事业。后来憨山因罪被诬入狱，紫柏几度奔波京城与岭南之间，不计一切营救，为真挚的友谊留下一段佳言。清朝戴梓云："同是冰天谪戍人，敝裘短褐益相亲。"人生纵使遭遇挫折失败，朋友不但能相互提携、荣辱与共，更是心灵的精神支柱。

《因果经》云："友有三法，一者见有失辄相晓谏；二见有好事深生随喜；三在苦厄不相弃舍。"在短暂的生命中，能得到至交好友，有福同享、有难同当，相互扶持、共同成长，实在是人生一大福报。与其感叹好友难寻，不如从自己做起，真诚待人，自然就能让友谊醇厚而持久。要想友谊增上，有以上四点。

庆生

一般人都喜欢在生日时收到礼物。有一位母亲送女儿三个精致盒子，作为 20 岁的生日礼物。打开第一个盒子，发现里面是一面镜子，旁边写着"现在的你"；打开第二个盒子，吓了一跳，里面是一具骸骨模型，写着"将来的你"。第三个盒子里，是一尊庄严无比的佛像，旁边写着"永恒的你"。女孩对这三样礼物惊叹不已。

生日，也是"母难日"。庆生不是不好，而是除了形式上吃蛋糕、收礼物外，应该有不同的意义。现代人庆生，还可以有哪些方式呢？提供以下四点：

第一，说一句好话庆生

不要忽视一句话的力量，一句好话、一分尊重，可以给人无限欢喜与希望。孔子说："今之孝者，是谓能养，至于犬马皆能有养，不敬何以别乎？"心存敬意，对父母说感恩赞美的话，更胜于只是备办酒席，吃喝一顿。

第二，做一件好事庆生

庆生，也不只是生日当天而已，而是更要突破躯体的生命，将自己的精神生命扩大起来，帮助他人。比方担任义工、关心环保、捐血救人、资源回收、莳花种树等等。行善做好事的法门很多,不管有相或无相,只要肯做,可以培植福德,增加福报。

第三,存一个善念庆生

一个小小的善念,足以改变一个人的命运。沙弥一念善心,救了被水围困的蚂蚁,也让自己将尽的生命延长;战士一念同情,以真银圆换假银圆,救了伤心失望的老妇,也在战场上救了自己一命。心存善念,可以改变生命,增加生命的内涵。

第四,积一些功德庆生

有的人喜欢在生日时,做一些有意义的事,例如赞助文教事业、成立奖学金、帮助清贫家庭等。这些有意义的事,扩大了自己的生命,也照亮别人。例如统一企业董事长吴修齐,成立"大孝奖",不但纪念自己的父母亲,同时也鼓励社会善良风气。所以古人说,人在世当有三不朽"立功、立德、立言",把功德留予世人,这生命的意义更大了。

古诗云:"白云苍狗多变幻,人生寄旅实渺茫;数年寒暑转眼过,富贵功名难久长。"能够明了"求福当求永久福,增寿当增无量寿;求福当求智慧福,增寿当增慈悲寿",用此短暂的人生,做一些有意义的事,才不枉得人身,也才正庆生的意义。以上这四个方式,可以给予现代人另外一种思考。

饮食观

我们需要靠饮食来维持生命,但有时候因为饮食出了毛病,病从口入,时间久了,引发为慢性疾病,严重的还会丧失性命。其实很多疾病的产生,常是个人饮食观念的不正确,所以佛教倡导以"食存五观"来对治、调理。佛教的饮食观有五种涵义:

第一,受用饮食,当如服药

饮食最主要的目的,是为了维持身体的健康。但是现代人习惯挑肥拣瘦,使得文明病猖獗。所以我们吃东西不一定要贪图美味,应该把它当成如服药健身一般。

第二,美味增减,好恶平等

很多人常因食物不合口味,就随意丢弃、浪费。禅门里讲求"吃现成饭当知来处不易",除了是对供养者的一份感恩之外,更是要我们养成知足惜福的习惯。我们应该学习弘一大师的"咸、淡有味",对于喜欢、不喜欢的都要以平等心来接受。

第三,除饥除渴,借假修真

我们的身体是由四大、五蕴和合而成,如果没有饮食的辅助调理,很容易因饥渴而生病。身体虽然是会生病、会老化死亡的臭皮囊,但我们也要借假修真,把握短暂的生命,来完成个人的理想或道业。

第四,如蜂采华,不损色香

现代人为了满足口腹,不断大量地蓄养和违法栽植,不但让动物痛苦,对环境也造成了伤害。《佛遗教经》云:"如蜂采华,但取其味,不损色香"。对于饮食,我们也要像蜜蜂酿蜜一样,对生存的这个世界不可损伤太多,否则最后受害的还是自己。

第五,知量知时,远离贪着

现在市面上各类餐馆或饮食包装,都强调"吃到饱""加大量"。此外,除了正餐,各种夜宵零食也诱人垂涎三尺。对食物贪着的后果,就是瘦身馆、减肥中心的四处林立。因此,远离贪念、定时定量,才是最不花钱受罪的健康之道。

饮食能提供我们身体所需的养分,而稳定的情绪,则对人体脏腑气血能起良好的影响。唐朝孙思邈在《千金要方》中也说养生有五难:"名利不去、喜怒不除、声色不去、滋味不绝、神虑精散"。有正确的饮食观,并时时保持宁静平和、欢喜自在的心情,相信定能拥有健康的身体。

真正的补品

一般人都相当讲究进补,所谓"有病祛病、没病补身",无论小孩、孕妇、运动员、老人家都要吃补品;夏天讲"凉补",冬天要"热补",药补不够还要食补,乃至各种营养补品,琳琅满目,看得令人眼花缭乱。其实这都还不是真正的补品,真正的补品是什么?有以下四点:

第一,一碗慈心粥,胜饮人参汤

吃一碗有慈心的稀饭,比人参汤还宝贵。为什么?因为我以慈悲心、惭愧心、回向心、结缘心吃了这碗粥,我发愿要感恩、要做好事、要修身养性、要为人着想、要为大众服务……这一碗稀饭,扩大了自己,净化了内心,比人参汤更有营养,也更有意义,是生命价值的补品。

第二,一杯清和茶,胜喝琼玉浆

一杯清和茶,不但滋喉润肺,而且可以养性养心。所谓"口中吃得清和味,心中常思佛土居",喝一杯清和茶,让我们懂得淡泊、和平,没有虚荣心的作祟,没有比较心的苦恼,只有感受自在的乐趣,体会轻安和解脱,这比喝什么琼浆玉液,更能让人获得清净。

第三,一口菜根香,胜嚼酒肉饭

一般人食补,总要来个鸡鸭鱼肉,其实,那是因为来自贫困的时代背景。时至今日,物质环境已大为改善,吃得太多,补得太过,造成脂肪、血糖、胆固醇升高,只有危害身体,增加负担。假如能清茶淡饭,吃出菜根香味来,会增进心性的耐力。你看,吃素的牛、马、骆驼、大象,力量大且持久,反观肉食的狮虎,三扑之后,力气就尽了。因此,若要生命长,菜根香可以尝尝。

第四,一念思无邪,胜办满汉餐

你肚子里没有邪念、没有害人、没有阴谋诡计、尽打别人算盘的坏水恶意,这比吃满汉全席还要对身心有益。《六祖坛经》提到,自心归依正,念念无邪见,以无邪见故,就无人我贡高贪爱执着。有时候本来是"福德因缘",由于心念不正,所以"福报变祸兆";有的时候是祸事,由于用心纯正,所以祸患反而成了福报。因此,一念思无邪,必然能得福而远祸。

真正的补品,不一定只在吃上面着意,也不一定是指食品而已。广义而言,应该从对内心、思想有益处来"进补"。这四点"真正的补品",可以让我们从另外一个角度思考。

家之为用

凡是动物,都有一个家,鸟类在屋檐下、大树上做窝;墙角边、废仓库是老鼠的家;蚂蚁、蛇蜥以土洞为家;鱼以水为家;昆虫、蝶蛾以树叶为家;看起来生命都希望有一个归宿。

几年前,我在荣民总医院做心脏手术,36个小时在迷糊中,清醒后第一句话就跟医生说:"我要回家。"医生一听大惊,问:"大师,你要回哪个家?"我猛然想到,我出家快60年了,哪里还有家?回佛光山太远了,那就回病房吧!病房有徒众、有许多关心我的人在等着。可见得家是很重要的,所以大家要好好爱护家庭。什么样的家,才是安全的、温暖的?

第一,鱼以海洋为家

鱼当然是在水里才可以存活,但是,如果它选择的是一个浅泽,或是一个水洼,而不是海洋,那么这个家就充满危险性。在浅泽的鱼,轻易地便被鸥鸟、鹭鸶所攫取;而数天或数月的烈日,会让水洼干涸,水洼既涸,鱼何以存身?因此庄子才说:"相濡以沫,不如相忘于江湖。"

第二，鸟以山林为家

只要有树枝为架，树叶为盖，任何一棵树上当然都可以筑巢。但是，独木上的鸟窝，容易成为猫儿觊觎的对象，也易被顽童所破坏，一点也不安全。如果选择在丛林中筑巢，树林不仅可当蔽障，林中的种子果实也是食物的来源。因此，山林才是鸟类安全的栖息之地。

第三，人以屋舍为家

人类的幼年期较其他动物长久，对家的需求更殷切。但仅具遮风避雨功能的屋舍，不见得是安全的所在，有些家庭潜伏的危险性，比其他地方更可怕，例如夫妻不和、家庭暴力，整个家庭充满火药味，使人在家里受到重大的伤害，甚至有家归不得，也不想归。一个屋舍，还要有家人相互关怀、互相尊重的内涵，才能成为保护、长养我们的地方，才能成为"家"。

第四，道以空无为家

出家人的家在哪里？寺院是我的家吗？寺院不是，寺院是大众修行的地方，不应该是我的家。那么，修道人的家在哪里？修道人应以"空无"为家。"空无"不是没有，虚空有没有呢？虚空拥有天地万物。修道人应该把自己的心放大如虚空，以天地宇宙为家，视万物为家人。

家的意涵不仅是一个窝、一个巢、一个洞、一间房舍，家应该是温暖、安全、和乐的所在。

家的两字真言

每一个人都有一个家庭,家庭的兴衰起落,都是其来有自的。有谓"宁慎于始,莫怨于终",要如何维护一个家庭的和乐,以下有"家的两字真言"六点说明:

第一,传家的两字真言是忠与孝

古人说:"一等人忠臣孝子";又说:"为人以忠孝为辞,余都是末事",足见忠孝乃自古以来所重视的传家精神。忠孝,是从我们的内心激发出来的一种感情、良知,一种爱心和美德,是维系人类关系的伦理纲常,把忠孝的精神发扬起来,家庭会更为美满,社会将更有秩序。

第二,治家的两字真言是勤与俭

勤俭朴素,是做人的美德,也是治家的要点。有云:"家有千贯,不如日进分文",你若不勤奋耕耘,终有坐吃山空的时候;反之,所谓"家业自勤俭中来",只要肯勤俭,可以弥补家里的贫乏不足。

第三,安家的两字真言是忍与让

六祖惠能大师《无相颂》云:"让则尊卑和睦,忍则众恶无喧。"能让,使家庭长幼有序,和睦融融;能忍,是消弭是非的利器,是人际关系和谐的秘方。能忍能让,是安家的第一法。

第四,兴家的两字真言是读与慈

一个家庭要和乐,父慈子孝不可少,读书明理更重要。有谓"子孙虽愚,经书不可不读",在过去传统社会,都以耕读为庭训,何况现在更是信息时代,社会变迁快速,要想跟上时代进步的脚步,读书也就益发显得重要了。因此,为人父母,应多花一点时间,陪小儿小女读书,让书香与慈爱盈满家庭。

第五,防家的两字真言是盗与赌

一个家庭,不过于奢华,就能防止盗贼的觊觎。然而,不仅要防范外面的盗贼,更要防范自家的贼。何谓自家的贼?《佛说孛经》说:"恶从心生,反以自贼,如铁生垢,消毁其形。"因此,不生贪念,不做恶事,尤其不聚赌博弈,更是维护一个幸福家庭所应戒防的。

第六,亡家的两字真言是暴与怒

有语云:"刻薄成家,理无久享;伦常乖舛,立见消亡。"兄弟阋墙、妯娌分家,乃至夫妇离异,不都是因为家庭不和,导致争执暴怒,才引发的?因此一个家庭里,要慎防衰败、悲剧的发生,尤其要远离暴力与嗔怒。

传家的龟鉴真言很多,这"家的两字真言",可以作为依据。

好的家长

家长是引导子女行为善恶的主因,在有形、无形之中,耳濡目染,成为子女学习效仿的对象。所以为人家长者,出言行事务必谨慎,一举一动合乎礼仪,就能给予子女好的影响。好的家长应如何?

第一,恭敬父母,尽心孝养

"养儿方知父母恩",为人父母者,更能体会父母的生育之恩,"欲报之德,昊天罔极"。为人父母者,孝顺父母,更能让子女以你的孝行,作为学习的榜样。

第二,恒以善法,教导子女

有些父母虽然教导子女要守规矩,要有礼貌,但是一到公车站,就要孩子赶快占位子,或以各种方式不买车票、游乐券,乃至于要儿女闯红灯等。这看似无形的小动作,实际上都让子女学会了不诚实、占便宜,以及不懂得礼让的坏习惯。因此,对子女的教导,应从每个善念上去养成。

第三,悯念部属,知其有无

陶渊明说:"此亦人子也。"意思是不管部属或是任何一位属下员工,他都是别人家的子女,主管应当推己及人,以爱护自己子女的心,来宽待他们。对于他们的冷暖、饥虚、疾病、劳苦等困难,多加体恤,协助处理解决。这样的行为,能让子女学习关心别人,以仁慈、谦和的心待人。

第四,近善知识,远离恶人

《曾子全书》说:"与君子游苾乎,如入芝兰之室,久而不闻,则与之化矣。与小人游贷乎,如入鲍鱼之肆,久而不闻,则与之化矣。"所以,家长与贤德之人相交,见闻会有所增长,家人也能同而学习;假如与势利之人相交,则难保厄运不近身,家也不免同遭其殃。所以要近善知识,远离恶人。

父母是子女学习的第一位老师,也是子女终身的指南。假如父母能"动则思礼,行则思义",那么儿女有着"心境如青天,立品如光月"的美德,也就不远了。家长之道有以上四点,提供大家参考。

家庭和谐的条件

每个人都希望自己的家庭是温暖的、可爱的。尤其所谓"一家之计在于和",一个家庭最难能可贵的是和谐的气氛。但是"和谐"并不是你想要就有,它必须是在家里成员共同营造下才能拥有。什么是家庭和谐的条件?有四点:

第一,和合无争,快快乐乐

一个家庭里要和谐,必须每一个人在思想见解上,相互了解,在生活习惯上,相互尊重,才能和合无争,快乐相处。尤其每个人都会有一些自己的想法,无论是长辈、后辈,要相互了解尊重,忍让包容,日子才会欢喜好过。

第二,赞美尊敬,和和气气

无论是父母、长辈、儿女,大多希望被鼓励、被赞美,受到肯定与尊敬。因此,虽然是一家人,彼此可以真心相对,但也要相互给予一些赞美、尊敬的语言,才会增进和谐的气氛。有了赞美,有了尊敬,生活会增添活力,生命会增长信心,内在会增强力量,家人会感到生活的快乐幸福。

第三，慈悲助人，亲亲爱爱

所谓"不是一家人，不进一家门"。既是一家人，就要慈悲以待，相互帮助。如果我们对家人都没有一点帮助，没有一些慈悲，彼此感受不到一点恩惠情义，怎会建立深厚的感情？因此，父母对子女、儿孙，要普施慈爱，为人子女者，也要对父母长上、亲朋好友，给予孝顺、尊敬、仰慕、协助，彼此才会亲爱相处。

第四，节俭勤劳，诚诚恳恳

有语谓"耕种田要朝朝到，庭园地要朝朝扫"，这是传统农业社会勤俭持家、诚恳朴实的生活典范。就是到了现在工商社会，"成由俭，败由奢"的明训，仍是每一个家庭所应谨记戒慎的。能够节俭勤劳、诚恳谨慎，必能建立平安之家、和乐之家。

《佛光菜根谭》云："家内和睦者，家道必昌；外事和睦者，外事必办。"以上这四点家庭和谐的条件，是营造幸福家庭所应努力的方向。

传家之宝

一般父母,总想留下房屋田产、金银财富、奇珍宝物给子女,当作是传家之宝;但是也有人不留财物,而留书籍给予子女,或是著作"家法""庭训",作为家风相传的依据。乃至禅门也有谓"衣钵相传",以传衣钵,作为丛林师徒道风相传的象征。到底哪些可以作为"传家之宝"?有四点如下:

第一,宝物可以传家

帝王之家,以玉玺作为传国之宝;一般人家,有的以一个玉如意,有的以宝剑,有的以手杖,乃至以一张画、一本书,也可以当成传家之宝。历史稀世之宝,无限珍贵,或具有纪念意义的物品,这些都可以作为传家之宝。

第二,善念可以传家

不光是有形的东西可以做传家之宝,有的时候,长辈给我们一个善美的观念、一句有益的话、一个理念,也可以留传给子孙。比方"四维八德",各种好的语言、好的思想,甚至培养儿女受高等教育,也可以传家。因为钱财会有用完的一天,但是好的观念、教育带来的知识、智能,却是一生受用不尽。

第三,道德可以传家

所谓"积善之家必有余庆",你存了多少财富给子女,可能子女挥霍乱用,很快就没有了。与其传财富给子女,不如以德传家,以德行教化子女,将道德观念传给下一代,儒家的三纲五常、仁义礼智,佛教的五戒十善、四摄六度、八正道等,以此作为人生的正道,那就是真正的财富。

第四,信仰可以传家

人不能没有信仰,没有信仰,心中就没有力量。信仰宗教,如天主教、基督教、佛教等,固然可以选择,但信仰也不一定指宗教而已,像政治上,你欢喜哪一个党、哪一个派、哪一种主义,这也是一种信仰;甚至在学校念书,选择哪一门功课,只要对它欢喜,这就是一种信仰。有信仰,就有力量,有信仰,就会投入。能选择一个好的宗教、好的信仰,有益身心,开发正确的观念,就可以传家。

从各种方面来说,传家之宝有很多,也不要只以过去的信物,作为传家之宝,到了现代,可以把宗教信仰传承给子弟,把善念道德传给儿孙,把教育知识传给后代,以书香、善念、道德、信仰来代替钱财的传承,这就看我们如何选择了。

择偶的条件

佛教里面有出家弟子和在家弟子,在家信徒的男婚女嫁是佛陀所准许的。既然论及婚嫁,就不得不讲究"择偶的条件"。有的人论及婚姻,强调要门当户对;或是以财富权势作为衡量;乃至以许配作为感谢的回馈。但是婚姻是一辈子的事情,配偶是一生的跟随,又怎么能如此随便?因为今日之门当户对,难保永远的门当户对;今日有财有权,难保财富没有用完的时候,权力没有失势的一天。所以婚姻不只是单方面的条件,婚姻更不能自作多情。究竟男女双方应该如何讲究"择偶的条件"呢?有下列四点,提供大家参考:

第一,兴趣要互融

结婚是两个不同个体的结合,兴趣差异会影响共同生活的情趣,乃至生活的步骤。所以双方的兴趣要相互融合,共同营求一生的和谐欢喜。不能两人各有所执,每天南辕北辙,生活怎能愉快?

第二,缺点要互辅

人都是有缺点的,你不可以把你要选择的配偶,当作圣贤一样来要求。而是要把他当成是人,包容他的长短处、优缺点,再说,自己的缺点也有很多啊！所以，彼此的缺点要取长补短。

第三，人格要互尊

中国传统观念造成社会男尊女卑的现象，所谓"大男人主义"，所表现出来的就是男人的优越感。但时至今日，女性意识抬头，纷纷争取女权至上；或是从小娇生惯养，处处要求男人来呵护，来养活。以上这两种扭曲的人格，都要靠明理来平衡，才能达到人格互尊的平等观。

佛经载："恩爱亲昵，同心异形，尊奉敬慎，无骄慢情；善事内外，家殷丰盈，接待宾客，称扬善名，是为夫妇。"充分说明了夫妻之间相互尊重的重要。

第四，相处要互敬

夫妻在一起相处如果不互相尊敬，这天长地久的日子实在不好过。所以一对很好的伉俪，一定要互相尊敬，互相信赖，互相体谅，这个亲情才能持之永恒。中国社会有一句古语，即使亲如夫妻，也要相敬如宾，即是此意。

夫妇的"互相"

《韩非子》云:"夫妇者,非有骨肉之亲也。爱,则亲;不爱,则疏"。夫妇间的关系,不是单方面的付出与要求,而是双方共同维护,彼此也要给对方空间,才能各得其所。所谓"夫妇和,则家道自然可成"。以下四点夫妇的"互相"之道:

第一,要互谅相亲

既然男女双方,情投意合,结为夫妇了,首要相处的关系,就是要互相体谅。因为两个人,来自两个不同的生长习惯的环境、家族,一下子要在同一屋檐下共同生活,如果不能互相原谅彼此的过失,哪里能平安无事呢?能互相体谅对方,才能生起互相亲近的感情,所谓"鹣鲽情深",才能持久。

第二,要互容相爱

夫妻要互相包容,这天长地久的日子里,天天开门七件事"柴、米、油、盐、酱、醋、茶";天天要讲话,天天要在一起生活,如果彼此不能相互包容对方的缺点,怎么能彼此相爱呢?世间没有一个人是完美无缺,所以互相包容,才能互相爱护。

第三，要互让相依

夫妻之间不要为了一句话，争得面红耳赤；更不要为了一件事，斤斤计较，不肯让步。既然已结为夫妻，就要甘苦同之，安危与共，在生活上要互相礼让，在精神上要互相依靠，如此才能"少年夫妻老来伴"，白头偕老地相依相护。

第四，要互信相敬

夫妇之间，虽已结为夫妻，一样要有"相敬如宾"的尊重，才能维持永恒的情意。此外，夫妻之间，要彼此互信，才能家庭和谐，因为"疑"会让彼此之间"草木皆兵"，我们打开报纸电视，不乏看到夫妻之间因为彼此的不信任，而发生仳离，甚至种种不幸事件，所以夫妻之间，一定要互信互敬。

《诗经》云："妻子好合，如鼓琴瑟。"琴瑟要奏出美妙的音乐，要彼此兼容、彼此互让、彼此相依，甚至彼此声音大小高低，节拍速度快慢都要能配合，才能算是成功的曲目，夫妻之间不也是如此？所谓"好丈夫应该要装聋，好妻子应该要装哑"，如此忍让夫妇必定能和睦相处。夫妇的"互相"，有以上四点。

夫妻相处

夫妻相处,要借着温和与耐心,才能营造和乐的家庭。能用宽容的态度来代替执拗不化,用忠诚的心来对待不信猜忌,用谅解的方法来处理错误伤害,以不求回报的感情关心对方,必能水乳交融、亲密无间。以下就四点谈谈夫妻之间的相处:

第一,沟通要表达双方的感受

夫妻相处,最重要的是"沟通",有沟通才能让对方了解彼此的感受,说出问题点,彼此才能有改进成长的机会。所谓"微小转广大",一件小事情闷在心里,闷久了,彼此不说话、不关心,最后形成冷战,隔阂就会愈来愈深,终究变成一件不可挽回的憾事。

第二,协调要缩短彼此的距离

夫妻相处,难免彼此的意见看法、理想目标,甚至做人处事、交际往来有所不同,这个时候应该怎么办?要多协调。只要能彼此退让、协调,从异中求同,多次之后,双方不同的思考模式,以及处事方法的距离就会缩短,而逐渐培养出默契。

第三,适应要培养共同的兴趣

有些夫妻结婚后,才发现两人的嗜好完全不同,经常为了要对方按照自己的喜好做事,闹得彼此不愉快。如果夫妻两人,能共同培养相同的兴趣,就能互相提携、相互讨论,彼此才有共同的语言,甚至共同的朋友。

第四,体谅要赞美对方的辛劳

有些先生回到家里,只会埋怨自己上班太辛苦,而不愿意协助太太做一点家务事;太太看先生一回家不帮忙家事,就怨叹自己每天工作扫洒煮饭太劳累,如此一来,口角、不满就会发生了。如果夫妻之间,多体谅对方的辛劳,不吝惜口头的赞美,肯定对方的付出,彼此则能体贴付出。

中国谚语:"家和万事兴""夫妇和而后家道昌",都是说明夫妻相处要以和为贵;而西方莎士比亚也说:"家内之不和,是贫乏神之巢穴",这贫乏并不只是金钱上的不足,甚至是包括精神、心理的匮乏。因此夫妻和合同心,才能共同面对挑战,共同成长,建立幸福的家庭。

女性之美(一)

美,是每位女性渴望与追求的。即使生来不美,也想尽办法以美容化妆、甚至护肤整形,为自己的容貌下功夫。女性要美,倒不一定是面貌长得漂亮才叫作美,除了让人看起来感觉舒服之外,还有以下几点:

第一,朴素美

受到现代知识教育的影响,仕女们装扮的时尚,已由过去的涂红抹绿,转为朴素淡雅的自然之风。唐张祜在《集灵台二首》中云:"却嫌脂粉污颜色,淡扫蛾眉朝至尊。"真正漂亮的人,是"其质至美,物不足以饰之",因此女性并不一定要浓妆艳抹,朴素也是一种美。

第二,文静美

有人批评,女人聚在一起,就像菜市场,不是闲聊,就是说三道四,有时音量之大,还被形容为"河东狮吼"。波斯匿王有一位女儿,因为容貌长得极丑,不敢随夫外出应酬。所谓"宁静致远",文静的人,精神容易升华,展现另外一种美感。

第三,健康美

女性的身材胖瘦不要紧,但是一定要健康。时下有些女性,以节食来换取窈窕的身材,甚至购买一些未经检验合格的减肥药品来食用,结果不但损伤身体,乃至变成植物人,甚至危害生命的事例,也都时有所闻。唐崔护言:"人面桃花相映红",要有健康的身体,才会有红润的气色,才能显现女性的美。

第四,谈吐美

有的人讲话优雅,听了如沐春风,有的人善于援引,听来不致乏味,这都是谈吐之美。1943年,宋美龄在美国国会发表讲说,短短20分钟吸引许多美国人心;英国"铁娘子"撒切尔夫人,被喻为英国政坛上,除丘吉尔之外,最擅长演讲的首相;因此一位女性要表现内涵,谈吐风仪不可少。

张潮在《幽梦影》中说:"梅令人高,兰令人幽,菊令人野,莲令人淡。"每个人审美的眼光不尽相同,标准难以放诸四海而皆准,与其过分注重外在的仪表,不如重视内在气质的显现,培养圆融通达的性格与广阔的视野胸襟,如此就是一位具有古典与现代美的女性了!

女性之美(二)

古来有不少俊秀才女,均以内涵为世人所称扬,像有德的胜鬘夫人、善巧的末利夫人;汉朝续修史书的班昭,被喻为"曹大家",以写《胡笳十八拍》传世的蔡琰,以文风清婉著称,乃至代父从军的花木兰,披甲上阵的穆桂英,也都表现出另一种生命的美。如何是"女性之美"?有四点:

第一,风仪美

白居易在《长恨歌》中说:"回眸一笑百媚生,六宫粉黛无颜色",形容女子举手投足间风仪美的魅力。然而,风仪也不仅是外表而已,像大爱道比丘尼威德摄众,妙贤比丘尼德貌兼备,她们都因高尚的修养而为人所尊重和敬爱。因此,修养威仪、举止庄严,展现了风仪美。

第二,智慧美

苏格拉底说:"在世界上,除了阳光、空气、水和笑容,我们还需要智慧。"美国著名女作家苏珊·桑塔格,被公认为一等评论家;宋朝女词人李清照,是当时诗、词、散文皆备的才女;乃至妙慧童女深妙智慧,发坚固愿,为人敬重;净检比丘尼清雅有节,说法教化,如风靡草。他们文采丰富,自他教育,展现了聪颖敏捷的智慧之美。

第三,气质美

女性习惯以化妆妆扮外表,这种美丽却只是短暂的。真正永恒的美,往往是内心流露的气质。"气质"如香水,散发芬芳,像汉武帝皇后卫子夫琴棋书画俱佳,近人林徽因娴熟建筑、文艺,她们柔和而又坚忍,感情深厚而诚挚,其高雅自信的行止,令人赞赏。

第四,心灵美

日本诗人松尾芭蕉,一回出门赏花,途中为一位孝女感动,将身上所有金钱布施给她,花也不赏,便转头回家。友人问他为何,他说:"能看人中之最美,不看花又何妨!"所谓"美",是要能深刻触动人心深处。与其看貌美颜丽的人颐指气使,不如见平凡女子,在公交车上让位老人。因此,从心灵散发慈悲、体贴、善解、友爱,那才是真美。

东施效颦,惹人讪笑;黄承彦之女黄月英貌丑,却以才学贤惠,赢得诸葛亮的欣赏;诚如孟子所言:"充实之谓美,充实而有光辉谓之大。"一个人美丽与否,以风仪、智慧、气质、心灵美为首要,这是女性之最美。

女性之德

现代的女性比以往辛苦,常常要扮演不同角色。白天要上班,下了班,还要赶回家煮饭、督促孩子做功课、收拾家务等,等到家人就寝,午夜时分,才有点时间做自己的事、看一点书。如何成为一名快乐又有智慧的女子?就是拥有一颗"平常心",无论做什么,尽自己的因缘,全力以赴。做太太就做一个太太,做妈妈就做一个妈妈,在事业上,就做一位敬业的人。以下分析四种女性之德,提供大家参考:

第一,人媳要孝顺翁姑

为人媳妇,不但要照顾先生、家人,还要孝顺翁姑。尤其来自不同家庭成长背景,在起居、言谈举止间,难免有不习惯之处,生活上更要积极、主动。好比唐朝诗人王建《新嫁娘》,叙述初为人媳的紧张心情:"三日入厨下,洗手做羹汤,未谙姑食性,先遣小姑尝。"能以灵巧的心,来处理生活中的琐事,不但翁姑、家人欢喜,生活也会更顺利。

第二,人妻要敬事夫婿

一个家庭欢喜、快乐的气氛要靠夫妻彼此创造。做妻子的,在他人面前，要给丈夫留三分情面，用智慧、善解人意来化解问题。多一分鼓励，不仅会增添力量，还会给孩子带来深远的影响。夫妻互相信赖，彼此给予尊重的空间，就会减少许多不必要的摩擦。

第三，人母要慈爱儿女

在工商社会里，许多家长只想到赚钱，对于亲子教育，疏于关心，造成许多"钥匙儿童""才艺儿童"，乃至"维他命儿童"等。母爱是无法替代的，真正的慈爱，是要引导孩子认识生命的价值，关心生活上的苦乐，并以身教潜移默化，让孩子的人生有正确的方向。

第四，人妹要和睦兄弟

《佛光菜根谭》说："家内和睦者，家道必昌；外事和睦者，外事必办。"一位有智慧的女性，她不仅敬爱丈夫、孝顺公婆，还会敦亲睦邻，和亲朋好友结下良好的人际关系，乃至成为男人事业上的贤内助，建立建功立业的好因好缘。所以说："和顺是兴家之本。"

美，是一种欢喜的感觉，一种内在的德行。女性在家庭中，要做观世音菩萨，所谓"千处祈求千处应"，做菩萨的化身，把慈悲欢喜带给每个人，在每一个当下，接受不同角色的转换，那就是最美的女性。

现代女性

这是一半一半的世界,男人一半,女人也一半。从前,女人被视为"无才便是德",一天到晚忙于家务;时代不同了,现代的社会追求"男女平等",女性不再受家庭的束缚,也能发展出自己的一片天地。如何建立信心,做一个现代的女性?有四点意见:

第一,有传统的美德,也要有现代的知识

苏格拉底说:"女人最珍贵的饰物是美德,不是钻石。"女性独具的美德,如贤惠、温柔、和善,是为人所称许的,但是做一名现代女性,除了传统美德之外,还要兼具现代的知识,才能顺应多元化社会的潮流。诸如科学、财务、管理、文学、艺术等等。英国哲学家培根说:"知识就是力量。"有了知识就能建立信心,就有实现梦想的可能。

第二,有感情的世界,也要有理智的生活

有人说:"女人是感情的动物"。其实人人都有感情,只是女性较容易表露感情、关怀别人。除了细腻的感情世界,女性也要讲究理智的生活。举凡工作,全力以赴,不马虎随便;待人接物,客气忍让,不轻易冲动;金钱运用,周顾未来,不过分铺张;做事注重原则、明理、有规划。感情、理智能兼备,生活的调适能力也就具备了。

第三,有家庭的观念,也要有社会的事业

一般家庭里,视"男主外,女主内"为美德。随着时代变化,教育水平提升,自主意识的抬头,其实女性能做的事情很多,不一定只以在家相夫教子作为唯一的出路。除了照顾家庭外,女性也可以走入社会,与广大的人群互动结缘,开拓视野。比如担任社团义工、爱心妈妈,甚至开创个人事业等,都是很好的选择。

第四,有柔和的性格,也要有坚忍的力量

女性总给人一种柔弱、消瘦的印象,其实,自古至今,有不少女中豪杰,凭着坚忍的毅力,创造了许多丰功伟绩。例如宋朝的梁红玉,与夫共抵金兵,清末侠女秋瑾,巾帼不让须眉;乃至现代,有一生致力缅甸民主运动的昂山素季,被誉为20世纪最伟大的实验物理学家吴健雄等。现代社会竞争激烈,工作压力不小,若女性也能发挥担当、负责的坚忍性格,一样能成就一番功业。

21世纪的新女性,在本自具足的柔善性格之外,还要建立自信、勇于承担。

化妆之术

一束花,加一点丝带彩纸,表现送花者的情意;在餐厅内,加一点鲜花音乐,增进用餐者的舒适;甚至现在社会上的商品,都讲究包装,替产品美化一下,关于人的颜面头饰、一身上下,就更要靠化妆来美容了;甚至言语举措,都要靠涵养来修正、美化。化妆的种类有哪些?以下有四种:

第一,外相上的化妆

一般人最先重视外表的化妆,靠着化妆为外相上的缺点补强,以便在与人往来时,建立美好的形象。你看,一般妇女早上起来,没有薄施脂粉,便觉得无法出门;演艺人员没有装扮造型,也觉得上不了舞台,乃至上班、赴宴、约会……无论什么场合,没有化点妆,便觉得自己不礼貌。这外相上的化妆,可说是现代社交最基本的条件。

第二,风仪上的化妆

除了从美化面容、眼睛、眉毛这些外相的化妆外,还要有风仪上的化妆,这就要靠美化语言、美化心地了。有的人眼耳口鼻生得端正美丽,但没有美的语言、美的心肠,就无法长久欣赏。但有的人,她不一定靠名贵的化妆品,却能以朴素庄严吸引人,靠的就是自己的风度内涵、动作威仪,流露出一举手、一投足的美感,甚至她以礼貌尊敬的风仪,赢得他人的好感。

第三,心灵上的化妆

有一句话说:"金钱可以买到化妆品,却买不到气质。"是的,一个人的化妆层次提高以后,她不一定靠外表的化妆,也不一定靠风姿化妆,她靠的是"心灵"的化妆。所谓心灵的化妆,是不假造作,是从内心自然流出的气质。跟她交往,会让你感觉到她为人的慈悲仁爱、乐于服务,或是她处世的智慧灵巧、公正和平;你也可以感受她性情的柔和尊重、亲切和蔼,具有宽容的心胸,这些都是自然而然心地上的化妆。

第四,生命上的化妆

一个人能使自己的生命,融入大众里去为群众服务,无我无他,投入无限的时空里去牺牲奉献,无有分别,乃至具有"先天下之忧而忧,后天下之乐而乐"的胸怀,这样的人,可说是以无上的生命价值来化妆了。

有句谚语说:"三分人,七分妆",点出了化妆的重要。其实,除了外表的化妆来美化外,还有内心道德、慈悲庄严、服务结缘、无我奉献,都是我们可以妆点生命的内容,你要选择哪一种呢?

家庭聚宝盆

很多人想拥有聚宝盆,总是希望财富能够取之不尽、用之不竭。有形的聚宝盆不容易求到,无形的聚宝盆却可以自己创造。一个家庭里的聚宝盆是什么呢?有以下四点:

第一,男子有事业

家庭里的男性,拥有稳固、正当的事业工作,能够安定家庭的经济的状况。否则,赋闲在家,无所事事,没有一份事业,或是三五个月就换工作,不仅家庭经济受影响,连带也会影响家人的身心生活。因此,男子有事业,是维系家庭的重要力量。

第二,女子有工作

古老传统社会有所谓"男主外,女主内",到了现代,早已不同于过去了。家中的女子拥有一份工作,除了分担家计,增加一份收入外,借由工作,还可以发挥女性的能力,有助于视野的开拓、人际关系的建立,以及独立性格的培养。虽然辛苦,但生活圈子不再仅局限于家庭,而是扩大了生命的意义与价值。

第三,老人不退休

家中的老人,在工作上虽然退休了,但是经验和智慧已臻于成熟,这时应当传授给后辈,所谓"老干新枝",生命才会有所传承,这正是所谓"退而不休"。好比南非前总统曼德拉,年届 80 余岁时,仍然还积极地参与有利于社会公益的活动,展现对人类的高度关怀。

第四,青年半工读

青年也是家庭的一分子,对于家务、经济,不能觉得事不关己,或是将父母所给予的,视为理所当然。尤其许多父母努力工作,甚至兼任两份职业,就是为了成就子女的教育。因此,青年要懂得关心、体谅父母的辛劳,主动关心、主动协助,或半工半读,从中也可以学习自我负责、自我磨炼、自我成就。

一个家庭里,能够做到以上四点,可以增加有形的财富,家里的男女老少也能皆有所乐、皆有所属。人人为家庭尽一份力量,和谐、安定、有共识,更是一种源源不绝的无形财富,这也才是真正的"家庭聚宝盆"。

和乐家庭

《法句经》云:"居家事父母,治家养妻子,不为空而行,是为最吉祥。"《无量寿经》也载:"世间人民、父子、夫妇、家室、中外亲属,当相敬爱,无相憎嫉,有无相通,无得贪惜,言色常和,莫相违逆。"果真家庭能如此,那真是人间吉祥事。以下有四点,也提供作为建立"和乐家庭"的参考:

第一,上慈下孝,合家和乐

家不是光靠一个人的努力就能和乐,而是要全家上下一心,共同创建。所谓"同体共生",家里的每一个分子,更是彼此共生共荣,因此,要建立和乐家庭,上慈下孝,是每个人的责任。

第二,夫妇融洽,相敬如宾

所谓"夫有义,妇有德",夫妇同心同德,家庭一定融洽。但是假如夫妻相处不和,互相怨恨,这是儿女的不幸,受害的是整个家庭。因此夫妇虽然是不同个体,关系至为密切,无论人前还是人后,都要恩爱亲昵,彼此尊重,才能建立良好的家庭关系。

第三,兄友弟恭,上下有序

一个家庭,无论年龄大小,大家恪守本分,礼让和谐,必能井然有序。尤其兄弟姐妹之间要互相尊敬,如古人所云:"父子和而家不退,兄弟和而家不分。"彼此爱护,才能和谐融洽。否则兄弟阋墙,只会造成父母的伤痛,削弱家庭的力量。

第四,敦亲睦邻,守望相助

平时要亲人邻居多往来,即使只是一个礼貌性的招呼、一点小小的物质结缘、一句赞美关怀的语言、一些好处利益的分享,都会回报到自己的身上,带来善美的因缘。尤其现代人大都居住在小区里,彼此关照更形重要,守望相助,就能遏止小偷、坏人的觊觎。人我相助,就是天堂;邻里相敬,即是净土。天堂就在自己家中,净土就在居住的小区里。

古人说:"家门和顺,虽饔飧不继,亦有余欢。"兄友弟恭,夫义妻贤,中外和乐,必致祯祥。以上这四点,是"和乐家庭"的条件与助力。

齐家格言

每一个人的成长都与家庭背景有着密切的关系,像习惯的养成、人格的完成、观念的建立等,因此我们可以看到,自古以来,许多前贤仁者撰文训示子女立身处世之道,维护传家门风,如《颜氏家训》《训俭示康》《朱子家训》《曾国藩家书》等,都是有名的传家庭训。在这里,也提供以下四点"齐家格言",作为治家的参考:

第一,勤则家兴

有语谓"万般罪恶从懒惰起,万般财富从勤劳始"。你能勤于洒扫庭院,维持家务,家里一定整齐清洁;你能勤于田园耕种,田里必定丰收有余;乃至勤于帮助亲友,就会有欢喜的人缘,勤于付出服务,就会有成功的因缘。个人勤劳,个人会赞美;家庭成员都勤劳,家庭就能兴盛。所以,勤劳能兴家致富。

第二,懒则家穷

《长阿含经》载,懒惰懈怠有六种相貌:"富乐不肯劳作、贫穷不肯勤修、寒时不肯勤修、炎热时不肯勤修、时早不肯勤修、时晚不肯勤修。"像这样懒惰的人,不肯付出,不肯努力,好逸恶劳,不务世事,茶来伸手,饭来张口,走到哪里,怎会为人喜见?家里又怎能致富呢？

第三，俭则家富

宋朝司马光对儿子司马康说，人以奢侈为荣，他却以俭朴为美。俭约之人，过失少；奢侈之徒，犯罪多。贵如宰相的司马光，也无不以俭约为荣。因此我们可以看到，道德高尚之人，无不从勤俭中走来，富贵的家庭，也无不从勤俭积累而成。善于治家者，不当的开支，不可以花用，不应浪费处，就不必开销。这里节省一点，那里节省一点，就能集腋成裘；这里俭约一点，那里俭约一点，就能聚沙成塔。

第四，奢则家贫

人在世间，拥有的富贵利禄，好比银行里的存款，如果日用太过，所谓"费多为居家之病"，你挥霍无度，奢华浪费，慢慢地福报享完，就没有了。《曾文正公家训》亦云："居家之道，唯崇俭可以长久，处乱世尤以戒奢侈为要义。"只有远离奢侈，才能远离贫穷，家庭才能富足。

要建立一个健全的家庭，这四点"齐家格言"，不能不注意。

儿女教育

父母对儿女的教育，如果太过严厉，会让儿女因为害怕，而不敢与父母沟通，有时，甚而导致孩子养成说谎的习惯；如果太过溺爱，又会让儿女养成骄慢放纵的习性。如何教育儿女礼貌有序，又不会太压抑思想，让儿女天真活泼，又不致太过放逸无礼？实在是身为现代父母者的一大课题。要给儿女什么样的教育呢？以下有四点意见：

第一，有自我要求的习惯

有些父母过于疼爱儿女，课业上的进度、生活上的整洁，都是由父母催促才完成，甚至也有由父母代劳的。父母不在身边，儿女的成绩，乃至生活习惯就一塌糊涂。这样的教育，不是爱护，反而是让儿女养成依赖心，时时要人照顾。因此，要让儿女养成自我要求的习惯，这是让儿女对自己负责，也是训练儿女独立，懂得照顾自己。

第二，有尊敬接受的性格

教育儿女养成尊敬接受的性格，尤其在现代这个人际关系密切的社会，非常重要。有了接受的性格，才能虚心接纳师长、主管、同侪的教导与建议；尊敬他人，才能接受他人的意见，尊重别人的存在，在处事上，才不会任己之意，为所欲为。你有了这种融和、接受的个性，才能与人和谐共事。古德云："涵容是处事第一法"，尊敬接受的性格，就是涵容的养成。

第三，有明因识果的知见

从小要养成明因识果、不与不取的知见。有了这样的知见，才能让儿女时时注意自己的善恶行为。明因识果，儿女就会知道所有的言行举止，都必须由自己承担与负责；明因识果，他会懂得"不以恶小而为之，不以善小而不为"，知道去恶向善。正见的养成后，父母就不用担心害怕儿女在人生道路上走错方向。

第四，有感恩说好的美德

培养儿童表达感谢，口中常常说好，心中常常感恩。懂得感恩的人，才能体会别人的付出；懂得感恩的人，才能懂得报恩。一个懂得感恩说好的人，必定是一个知足常乐的人。

教育儿女，要注意自己的言语、态度与方法，要慈严并施，也要耐心诱导，你不用框架束缚儿女，儿女就能尽其特性，发展自我。儿女懂得谦恭仁爱、明因感恩、修正身心，那才是教育之道，所以"教育儿女"有以上四点。

儿童的教育

一般人说:"儿童是国家未来的主人翁";俗语也云:"看3岁定终身""从童年看出成人",或是"童年的生长影响一生人格的发展"。这些说法,都是在告诉我们儿童教育的重要性。以下有六点说明:

第一,维护儿童人格的尊严

儿童的自尊心与自信心是相辅相成的,不要以为孩子还小,就轻易在众人面前处罚打骂,或是说一些中伤的语言。这样的伤害,会让孩子一生难以忘怀。所以为人师长,要维护儿童的人格尊严。

第二,养成儿童感恩的美德

所谓"锄禾日当午,汗滴禾下土;谁知盘中餐,粒粒皆辛苦",应该要让儿童了解,每日的一粥一饭,半丝半缕,都是父母、农民、商人、工人等,辛苦努力工作而来,应存感恩之心,建立惜福的美德。

第三,培养儿童认错的习惯

所谓"智者改过而迁善,愚者耻过而逐非"。掩饰错误是带着错误生活,无论身心,负担既重且大。而认错是"觉昨非而今是",放下错误,小心轻松,也令人赞他的勇气。认错,同时也是给自己修正行为的机会,犹如擦掉错误的清洁剂,可以让人重新开始。因此,要培养孩子不怕认错。

第四,化育儿童接受的性格

口袋,要能装得下东西才能拥有;杯子,要能倒得进清水才能解渴;儿童,也要听得进别人的教导才能成长。所以要教导儿童,接受是进步的根本,接受才是智慧的来源。

第五,重视儿童处事的礼貌

古德云:"貌轻则招辱。"为人处世要有礼貌。有礼貌的人,心中就有伦理,心中有伦理次序的人,才会有法制规矩的观念。如此,人情处事就不会随便、轻慢。因此从小就要养成礼貌。

第六,教导儿童正常的生活

小孩子的意志较弱,缺乏自制力,但也是弹性大、可塑性高的时候,因此要训练他们生活正常,才能培养良好的生活习惯。生活正常身心健康,精神良好,更能养成做事有条理、处事有计划。

古德云:"父母教子,当于稍有知识时。"孩子的习性一旦养成,等到长大才要改正,恐怕已非容易之事。所以儿童的教育,应在他稍有认知时,就开始导引学习的方向。

知书达礼

《管子·牧民》说:"仓廪实而知礼节,衣食足而知荣辱。"为何物质丰富之后,就能识礼节、知荣辱呢?因为古人在生活不虞匮乏之后,才有余力读书识字,进而通情达礼。但是,今人普遍受过教育,却并非每个熟读诗书的人,都懂得礼节。可见,除了学识之外,应该充实其他内涵,才能真正称得上知书达礼。在此有提升学识教养的四个方法:

第一,是非创造智慧之人

人要有明辨是非的观念,要有辨别善恶的能力。如果一个人是非不明、不知好坏、不辨邪正,当然没有智慧可言。《荀子·修身篇》说:"是是非非谓之知,非是是非谓之愚。"因此,不仅要能辨别是非,还须有择是去非、趋善避恶的修养,才是有智慧的人。

第二,反省创造完善之人

曾参说:"吾日三省吾身——为人谋而不忠乎?与朋友交而不信乎?传不习乎?"如果我们每天有反观自省的时间,检查今天说的话都对吗?有没有做错事?对父母、对朋友、对社会国家都尽心尽力吗?常作反省,久之,品格必趋于完善;因为反省会启发我们的惭愧心、感恩心、忏悔心。

第三,读书创造达礼之人

读书的目的就是要通达事理。有些人读书,读出贡高我慢之心,愈读愈愚痴,愈读愈蛮横。有些人读书,到最后只知书本的知识,不识世间人情。有些人读了书,确实有些小聪明,却做尽悖理违情之事,可说聪明反被聪明误。这样的读书人有何用?读书人最重要的是通情达礼,所谓"世事洞明皆学问",学会对人、事、物的尊重,才是读书的真正意义。

第四,教育创造理性之人

人之所以自称为"万物之灵",孟子之所以说"人之异于禽兽者几希",就是因为人有理性,知道要实践仁义道德,这也是人之所以尊贵处。唯有教育能培养理性之人,所以不管是家庭教育、学校教育,还是社会教育,最可贵之处,就是能唤醒被欲望隐蔽的理性。

一个人的学识与教养,大部分是靠后天环境来养成,明是非、知反省、勤读书、受教育,都能培养自己丰富的学识及高贵的人格。

礼

礼,是人和人之间相处的基本原则。《孟子·离娄篇》说:"父子有亲,君臣有义,夫妇有别,长幼有序,朋友有信。"这些分际,就是人伦礼节。人间有礼,就不会冲突,有礼就不会逾越分寸。何谓礼?

第一,定亲疏是礼

每一个人当然都有比较亲近或疏远的人际关系。父母、兄弟、夫妻、子侄,都是跟我们关系密切的,如果见了父母、兄弟、姐妹,还端出架子,摆个姿态,让亲人看了难过,那就不对了。反之,对待来访的客人,或业务往来的客户、洽公办事的人,如果不拘亲疏的胡言乱道,信口开玩笑,给人的感觉就成了轻佻、浮薄,而不是亲切尊重。因此,以关系亲疏决定对待之道,即是礼。

第二,决信疑是礼

对于某些事物,应该深信不疑,比方:对三宝深信不疑,对戒律守法深信不疑,对因果定律深信不疑,对知交好友信赖不疑。但是,世界上也有许多事,是我们不能完全了解、明白的,例如对于复杂的人事,存一点疑,不要追根究底,才能为彼此保留一个缓冲的空间。

第三，别同异是礼

世间的人事，有许多与我们的理念相同，但也有很多与我们想法相异。比如佛教只有一位本师释迦牟尼佛，却有许多不同的宗派，不同的修行法，如净土宗、禅宗、密宗等等。我们依附自己所喜好的修行团体"见和同修"，也应尊重其他不同的修行法门。又如不同的政治团体，有各自的立场，相异的理念，思想、观念投合者，我们固然能与之相处融洽，但也要尊敬那些思想不同的人。能如此，才是有礼。

第四，明是非是礼

有些人不明事理，蒙昧糊涂，到处纠缠不清。受到颟顸之害者，并非只有当事人，周围的人往往也会受到波及，时时有"秀才遇到兵"的困扰。因此，能明白事理，明辨是非，不带给别人麻烦、困扰，也是礼。

鞠躬如仪是礼，应对得体是礼，亲疏有别、和同尊异、明是知非，这些都是礼。礼不仅是仪式上的表现，还应该是内心、思想上的深刻体会。

成年礼

"成年礼"是我国流传已久的古礼,所谓"男子二十弱冠,女子十五及笄",表示一个人从孩童、少年进入了成人自我成熟的新阶段。这是一种生命的礼仪,在历朝社会中,通过这个仪式的人,才会被认定为成年人。而今日,一般也会针对18岁的青年,为他们举行"成年礼"。其意义有下列四点:

第一,自我肯定

佛门有句话:"天上天下,唯我独尊。"意思就是说,每个生命是独一无二的、独立自主的。所谓"天生我材必有用",每一个人也都会有他的才能、特点,只是自己并未发觉。成年礼的意义就是宣告:我长大了,我现在是大人了,我已不再是儿童、少年了。过去都是靠父母、靠师长,现在我成人了,我要自我肯定,做自我的主人。一个人能肯定自己生命的价值,就能开发无限的潜能。

第二,承担责任

青年是社会的动力,国家未来的希望。在青少年阶段,无论家庭、学校,有钱、没钱,什么事情好、不好,都是父母、师长负责,自己都不用管。但是现在成年了,自己的责任、家庭的责任、社会的责任、国家的责任,我都要能担当。在成长过程,难免会遇到风霜雨雪,要培养承担的勇气,才能成长,才有力量。

通过成年礼庄严的仪式,唤起对生命的认识,肯定自己存在的意义,进而健全人格,肩负起对自己、家庭、社会的责任。

第三,心智成长

成年礼就是要昭告大家,自己不是小孩子了。不是像过去那样愚昧不懂事,知识慢慢健全,心理也逐渐成熟,故发愿要去除坏习气,做人处事,都能循规蹈矩,要建立好观念,学习为自己的行为负责,散发光与热,创造成就自己、成就他人、成就社会的人生,这就是心智的成长。

第四,感恩回馈

人生在世,不单是个人存在,过去靠父母爱护,给我们吃的、穿的、用的;学校师长培养我们,给我引导,给我知识,教我技能。成年后,就要独立自主,礼赞生命,感恩生命。往昔多少岁月,在懵懂无知中过去了,今天成年长大了,懂事明白了,我要回馈父母,帮助朋友,造福社会。懂得感恩回馈,才是一个富有的人生。

"成年"的定义,并不是年龄的积累,而是在心理上,能自我醒悟,凡事肯担当、知奉献,懂得随时将欢喜给人,给人良好的示范榜样,就是自我成熟。成年礼虽然只是一时,但代表的意义,却是一生的。以上提供四点成年礼的意义,给广大年轻人参考。

青年人的毛病

现代青年,受到社会急功近利、讲求时速的氛围影响,产生一些似是而非的观念,像强调如何一夜致富,让年轻人失去耐心;标榜"创意至上,经验无用",使年轻人相信,凡事不用从头做起。这些错误的想法,会造成一些性格上的缺陷和毛病。如以下四点:

第一,速成而不耐烦

青年立志,往往"初发心容易,恒常心难持",总想一步登天,不懂得养深积厚,因此难成大器。其实"强摘的花不香,强摘的果不甜",一棵强健的树,根要扎得深,枝叶才会茂盛,常常移动它,树如何生长茂盛。所谓"滚石不生苔",常常换工作,做事不久,磨炼不够,如何成为坚固不移的磐石呢?所谓"今日的耐烦做事,是未来成功的踏板;今日的千锤百炼,是未来事业的阶梯"。所以年轻人要想建功立业,要能经久而不懈怠,才能久炼成钢。

第二,好高而不踏实

年轻人的优点在于充满热情、满怀理想,然而却也常犯好高骛远、眼高手低的心态。所谓"先兵卒、后将帅",希望在职场上高升,要脚踏实地先从基层做起、按部就班,否则将来做主管,如何管理基层人员？就像登山也得先从山下开始，才会登上高峰；基本马步蹲好了，才能逐步再修炼。与其好高骛远，倒不如先了解自己的优势，认识自己的缺点，自我养成，再步向目标。

第三，理想而不实际

青年们在人生规划上敢于筑梦，但往往虚浮不切实际，空有幻想而不能稳扎稳打地实践。有了理想，就要身体力行，在实际工作中，将幻想落实为理想。所谓"天下大事必做于细，古今事业须成于实"，务实中有理想，理想中要务实，否则，建筑在海市蜃楼的理想，就落为妄想了。

第四，怨人而不责己

有的年轻人做一行、怨一行，总觉得怀才不遇、不受赏识，遇到挫折或发现事情发展不如预期时，不但不反省自己，反而还怪别人、怨环境。人最大的弱点就是护短，隐藏自己的过失，不肯改进。反省是智慧的果实，是进德的阶梯，能以责备人之心来责备自己；以批评人之心来批评自己，才会进步。

知道自己的毛病，接着就要用心去改正，去除毛病的方法，就是要把"不"字改为"要"字去努力："要耐烦""要踏实""要落实""要负责"，以反观的镜子来端正自己的举止，才能够实现自我的理想。以上这四点，要时时自我观之。

如何面对空巢期

现代家庭人口稀少,儿女长大外出求学、就业之后,使得原本以儿女为重心的父母,面对着空荡的房子,莫名地产生一种孤独感。当面临所谓"空巢期"时,若不能尽快调适,生活质量也将受到很大影响。因此,"如何面对空巢期"提出三点意见:

第一,聚会善友来访

为了让儿女生活过得好、接受最好的教育,现代父母经常忙得昏天暗地,除了工作上的交际应酬,难得有时间与亲朋好友往来。因此,这个时候建立亲友感情是很重要的。经常与朋友联络,邀请三五好友到家里小聚,聊聊天、谈禅问道,互相切磋交流,不仅可以娱乐身心,也可以转移生活的重心,何尝不是一件愉快的事情呢?

第二,培养各种兴趣

年轻时喜欢做的事情,往往因事忙而不得兼顾,因此,这段时间正好是再度培养各种兴趣的时期。一个人不只有一种兴趣,可以有多种兴趣;甚至不只是动态的兴趣,如打球、跳舞、跑步等,还可以有静态的兴趣,如抄经、集邮、绘画等。兴趣不但能升华情绪,拥有自我,也能帮助别人一起面对空巢期的寂寞;培养兴趣爱好,不仅分散内心对孤独感的着意,也能丰富自己的生活。

第三,关心社会公益

除了关心自己的家庭,进一步还要扩大关心的层面,关心他人、关心社会,好比投入公益,到学校当爱心妈妈、到医院慰问病人、服务社会弱势团体、到寺院里当义工等,让眼界更加宽阔,让心量更加广大,则关注"小我"的心,也将转而关注"大我"了。

面对老病

人一生要面对的问题很多,有些可以控制,有些不能控制,好比老病,就是不可避免的。人不一定老了才会有病,年轻人也可能生病,生病是不分老少的。但是一般而言,老人生病还是比较让人挂念,到底老病时该如何面对呢？以下四点：

第一,从心不苦做到身不苦

无论是小病或大病,生病是人生不可避免的。人在生病时,由于身体疼痛,多半会造成意志力脆弱。心力较弱的人,你打他一下,就要大呼小叫；心力强的人,连眉头都不皱一下。有病没关系,面对疾病痛苦的当下,应该提醒自己"与病为友",从心不苦才能做到身不苦。

第二,从看得破做到过得好

出家人穿的僧鞋,脚面上有洞,意思就是要人看得破,面对老病也是一样。人有许多理想、目标,但是"生病"这件事却没有时间性,还来不及防备,它可能就来了,因而打乱不少人对未来的憧憬。这时,若一味地执于对将来的期待,将不得安心。所以,面对病苦要看得破,看得破就能做好现在能做的事情,就能帮助更多的人,日子也就过得更快乐了。

第三,从药物治疗做到心理治疗

老年人生病总是喜欢看医生,其实,每个人都可以做自己的医生;当身体感觉到不舒服时,勉励自己更坚强,才能淡然处之。能够做到这样,病也就好一半了。

第四,从放下执着做到安然自在

有句话说:"不是疾病痛苦,而是妄想摧残人心。"人生要像手提箱一样,能提得起,也要放得下,甚至面对疾病也要做到安然自在,才是真正的面对。人生的意义不在于活了多久,而是在于为这个世间留下多少贡献,如台湾抗癌小斗士周大观,他的生命虽短,但展现的生命力却让千万人感动。

所谓"老病死生谁替得",在人生旅途上,生老病死是每个人必经的历程,谁也代替不了谁。而老病并不可怕,最可怕的倒是心态不健全。

退休的春天

一般人退休之后,感觉好像忽然失去一切,空荡荡的日子,不知道要做什么。尤其每天工作的人,退休的转变,甚至会感到人生失去了价值。其实退休的人,只要懂得安排,或加入义工行列,或为人服务,退而不休的生活,空间会更宽广、自在。怎样过一个退休的春天?可以参与以下活动:

第一,松柏联谊会

有的人退休以后没事做,老是待在家里,身体、脑筋各项功能很快就退化了。所谓"天行健,君子以自强不息",人活着就要动,不离人群,生命才有活力。退休后可以相约老朋友组织联谊会,举办长青活动,如旅游、表演、书画展、品茶会等,通过联谊、交流,交换心得,扩大生活范围。

第二,银发俱乐部

人活到六七十岁,孩子成家立业了,孙子也带不动了,日子该怎么过呢?俗语云"活到老,学不了",只要肯学,年纪不是问题。你可以加入银发俱乐部,依照自己的兴趣,或参加读书会,或到老年大学学习语文、下棋、绘画、歌唱、跳舞、摄影、太极拳等课程,日子过得充实,生活更有自信。

第三,长青旅行团

许多人年轻时就梦想环游世界,但是大多数人都因为家庭责任、工作繁忙种种原因,无法出国旅游。退休的人,正好可以放下一切,或者到中国万里长城、印度泰姬陵、美国大峡谷、埃及金字塔、巴西伊瓜苏瀑布、意大利古罗马竞技场等等世界名胜参访,不但增长见闻,也丰富生命阅历。

第四,延寿加工厂

一个人肉体的生命是有限的,智慧的生命却可以历久弥新。退休的人,可以担任义工,服务别人;可以贡献自己的智慧、技术,让年轻人接棒。对社会回馈、服务,将有限的生命延长、扩大,好比中国人讲的"立德、立言、立功"三不朽,就是把功德、思想、言论、道德、慈悲都留在人间。

退休的生活,一样可以精进,发挥生命的光和热。参与以上这四方面的活动,就会拥有退休的春天。

长寿歌

现代不少有识之士,已经懂得把生活过得很美好,既有身、心、灵整体的健康,又有足够的生活资用,这时候多数人希望进一步求得长寿。根据美国明尼苏达州梅奥医疗所研究报告,乐观的人可以避免在50岁以前往生,因为他们的生活质量比悲观的人好很多。可见得人的长寿,与生活态度很有关系。

因此,想要过得快乐,方法就是"欢喜"。张群先生有一首《长寿歌》,就是以"笑",作为治疗百病的药方。歌词是:一笑烦恼跑,二笑怨憎消,三笑憾事了,四笑病魔逃,五笑永不老,六笑乐逍遥,时常开口笑,寿比彭祖高。说明如下:

一笑烦恼跑

未来佛弥勒菩萨的特长,就是对世间人事哈哈一笑、以笑为修行,所以世间人都喜欢他。对的!日常生活当中,有什么了不起的大事值得去斤斤计较?每天都能笑口常开,大笑几声,烦恼自然烟消云散。

二笑怨憎消

人生最大的痛苦是"怨恨",人们因为放不下他人的不好,或是因为他人不肯顺我意,就以"恨他"来"惩罚"自己。这时候,打从内心笑一笑自己吧!所有的怨恨都会消除的。印度孟买有个医生,在以色列耶路撒冷筹备了一个"笑声俱乐部",希望以此来化解以色列、巴勒斯坦两国之间的仇恨。这真是比科技更加了不起的发明!

三笑憾事了

人生就像一场戏剧,遇事不必太在意。每一个人都难免遇到冤屈、毁谤、是非等困扰,纵有遗憾,哈哈一笑,也就什么都过去了。美国宾州有个抢匪,戴着迪斯尼小狗面具抢劫,想不到使得商店伙计忍不住狂笑不止,反而将抢匪吓跑了!可见得笑声的威力。

四笑病魔逃

人生难免有"四大不调"或"业障现前"之时。单是身体有病,可以靠良好的饮食、规律的作息,以及适度的运动来调养。但是如果心里也因此生病,那就很难痊愈。佛陀曾教导弟子说:"身体的病苦人所难免,但是不要让你的心也跟着生病了。"所以,何妨病中作乐,自我取笑一番,病魔反而早早地逃跑了!

五笑永不老

常常发现开心的事、笑口长开,心里的年龄就会青春不老。因为胸怀宽大,做人宽恕,对人欣赏,对境知足,布施给人微笑与赞美,自己自然也喜悦健康,即使年龄老大,内心也创意泉涌,胜过青年。

六笑乐逍遥

人是为了快乐才来到人间的,不是为了烦恼而出生的。既然前面各种忧恼,都可以"一笑解千愁",就像"千年暗室,一灯即明"

一样的道理。我们要提倡"人生一天三大笑,健康快活似神仙"。

快乐不是因为拥有的多,而是因为计较得少。愿意原谅别人,其实就是祝福自己。只要一个真心的微笑,什么困难的事情都会消解。生活的态度改变,转个念头就能化忧愁为欢喜。常保喜悦,无论长寿与否,这一生总是充满了阳光,是个丰收的人生。所以这个长寿歌请大家记住。

长寿之要

现代人非常注重"养生",目的当然是为了健康、长寿,这是很重要的。现在的物质生活丰富,可以说人生是这么的美好,当然要有健康的身体才能享受,所以,要懂得养生之道,以保健康、长寿。关于"长寿之要",有八法提供参考:

第一,起居有时

古人"日出而作,日落而息"。生活作息定时而规律,所以古代医学不发达,但却鲜少生病;今人经常熬夜、晨昏颠倒,因此文明病愈来愈多。说明一个人的一日生活,什么时候就寝,什么时候起床;起居有时,生活正常,这是维护健康的第一步。

第二,饮食有节

现代人有很多的病痛,都是饮食不当所造成,最明显的就是营养过剩,造成肥胖症。过去老人家总叫人要多吃才能长寿,其实现代医学主张,少吃才能健康。尤其每日三餐,要定时定量,不暴饮暴食,所谓"早餐吃得好,午餐吃得饱,晚餐吃得少"。饮食有节制,才能吃出健康来。

第三，工作有度

工作是生存的必要条件，不仅获得经济来源，也是心灵的重要寄托；有工作，人生才有意义，所以人都需要工作。但是，长期过度的劳神费力，也是健康的无形杀手，因此工作有限度，才能健康、长寿。

第四，运动有恒

适度的运动，也是健康不可少的条件，每天慢跑、打球、做体操等，都是简单易行的运动，应该持之以恒。

第五，心常欢喜

人的身心往往相互影响，身体不健康的人，心里常为病苦，自然难以快乐；相对的，心里不快乐，也会影响身体的健康。所以，常保一颗欢喜心，是长寿不可少的要件。

第六，与世无争

做人做事，有时候当然要努力以赴，但是在名位、权利之前，有时候也不必和人有太多的计较、太多的争执，所谓"无争自安"，能够与世无争，自能常保安康。

第七，与物无竞

人在享受物质的同时，如果过分贪求物欲，往往为物所役，所以与物无竞，才能身心泰然。

第八，淡泊宁静

世界上很多时候，应该是我的，不求自来；不该是自己的，强求也求不得，这就是因缘。懂得因缘法的人，凡事随缘随分，对于生活里的一切，无论是非得失、好坏有无，都能淡泊无欲，平静以对，这是最好的养生法门。

卷三 | 幸福之门

"福"如稻谷,必须勤劳耕耘,
才能结穗丰硕;
"福"也如水源,必须珍惜使用,
才会充沛丰盈。

祥和之气

人脑有个"左颞顶叶"区,主掌人们的正面情绪。此区愈活跃,就愈能感受祥和,有人称它为"快乐中心"。美国威斯康辛大学研究员戴维森,对修行多年的佛教徒作研究,发现他们拥有祥和宁静之气,就是这个"快乐中心"能经常保持良好的状态。其实,不仅是修行人,大多数的人也都渴望内心拥有一片祥和,这个人人本具、不假外求的"快乐中心",怎样才能发挥功用呢?在此提供四种方法:

第一,孝亲感恩是祥和之道

一个人能孝顺父母,尊敬师长,必能招致祥和。佛经将孝敬父母师长称为"敬田",与佛法僧三宝列为同等地位。能时时刻刻响应他人的善意与温情的人,心中自然充满柔和与善意,又何愁不能感应祥和之气?

第二,勤劳慈悲是祥和之道

经典中说,有两种田是我们要勤于耕种的。一是敬田,二是悯恤孤苦贫穷之人的"悲田"。佛陀告诉弟子:勤于照顾穷苦贫病的人,功德与供养佛陀一样。因此,律己勤恳精进,待人慈心悲悯,能够招来祥和的磁场。

第三,宽恕敦厚是祥和之道

明朝儒者王锡爵说:"忠恕为存心之本。"在佛教讲,恕则是一种放下,当我们拒绝宽恕他人的错误,其实受到最大折磨的正是自己。你看,蛤蚌能包容跑进身体的沙粒,才有璀璨晶莹的珍珠;假如我们也能以宽大的胸襟来包容异己,必定自己内心会先感受到温柔敦厚的祥和之气。

第四,礼让谦逊是祥和之道

有些人时常习惯"意气之争"或"据理力争",殊不知,你赢了理,却输了人情。一个人如果老是想为自己争一口气,不让半步,不肯吃一点亏,必然无法维护良好的人际关系。所以我们要想招感祥和,为人处事就要多说好话、多一些礼貌、多一些谦虚、多一些让步。

祥和是一种美德,祥和是自尊尊他;祥和能带来欢喜,祥和能带来快乐。以上提供这四点意见,给想拥有宁静之气的人参考。

幸福之门

人活在世间，总希望过幸福、快乐的日子，有的人认为拥有钱财就是幸福，但是有钱却要担心被偷、被抢；有的人认为权势就是幸福，但是权势往往使人道德堕落；有的人认为长寿就是幸福，但是身体衰弱，生活又有什么乐趣？如何进入"幸福之门"？有四点建议：

第一，对人要有感恩的美德

俗谚说："吃水不忘打井人。"人不能离开群体而存在，举凡穿衣、吃饭都需要仰赖他人织布、种植，加工，烹饪，无时无刻不得之于别人成就的因缘，因此，要心怀感恩。有感恩心的人，才是富有之人；懂得感恩的人，才能体会别人付出的辛苦；懂得感恩的人，才知道感恩图报；一个懂得感恩的人，也必定是个幸福快乐的人。

第二，对事要有忍辱的美德

俗谚说："忍忍忍，百忍成金；气气气，一气成恨。"人和人之间总有共事的时候，处理纷杂的人、事，最重要的就是有忍的美德。"忍"不是懦弱，而是力量，小事不能忍则能酿成大祸。所以，不计较小事，才能减少心灵的负担；不听人闲话，才能远离不必要的争端。有忍辱的美德,必定能幸福快乐。

第三,对物要有满足的美德

人的生活离不开物质所需,出远门以车代步,饥饿需补充饮食,然而物质有限,欲望却是无穷,只有心怀满足,才能享受现前拥有的幸福。法国文学家阿米艾尔说:"幸福的真正名字是'满足'。"知足的人,虽然日子过得贫穷,但是内心却拥有满足的喜悦;不知足的人,虽然生活富裕,内心却一贫如洗。

第四,对己要有忏悔的美德

为人要常怀忏悔心,《万善同归集》里说:"诸福中,忏悔为最,除大障故,获大善故。"忏悔让人有重生的力量,如陈年的污垢,于一朝洗涤清净;如密布的乌云消失,展露和煦的日光。忏悔才能改过,忏悔才能清净,忏悔才能进步,因此,为人要有忏悔的美德。

每一个人都可以为自己带来幸福,也唯有自己才能给自己幸福。能做到以上四点,幸福不在遥远的那一方,就在每一个当下。

惜福之方

"福"如稻谷,必须勤劳耕耘,才能结穗丰硕;"福"也如水源,必须珍惜使用,才会充沛丰盈。惜福,就是爱惜自己的福德因缘,宇宙之间,一滴水都有它无穷的功用,都值得我们珍惜,不要随便浪费自己的福报。惜福的方法有哪些呢？以下四点：

第一,只字必惜,贵之根也

敬字、惜纸是国人传统的美德,甚至古时候乡村,都会建有"敬字堂""惜字亭",来表达对文字纸张的爱惜珍视,这也是一项特有的历史文化,为此还受到邻近如日、韩等国的尊崇。能够只字珍惜,从一个字、一句话,开启智慧、培养人生正确的观念,这是富贵的根本。

第二,粒米必珍,富之源也

一粒米,经过农民耕作、工人加工、商人贩卖,结合水分、土壤、阳光、空气等,积聚了天地所有因缘、力量,才能成为一粒米,给我们充饥、填饱肚子。所以在丛林里,以"佛观一粒米,大如须弥山",教育大众养成惜福的美德,精进于道业。懂得珍惜粒米,是积累财富的源头。

第三,片言必谨,福之基也

所谓"利刀割体疮犹合,言语伤人吃不消""一言足以伤天地之和",因此,我们出口的只字片语,都要谨慎三思。说的语言要像阳光,温暖人们冷却的心灵,为众生作光明的指引,也要像净水,洗除人们心中的烦忧,清凉众生心中的热恼,这才是做人处世积福厚德之基。

第四,微命必护,寿之本也

经典说:"长寿者,慈悲中来;短命者,杀生中来。"懂得尊重生命,就是长寿的根本。不仅要爱护有情生命,乃至无情的花草也有花草的生命,毛巾有毛巾的生命,一支笔、一组沙发,都有它的生命,都要保护它、珍惜它、延长它的生命,这都是佛教主张的护生观念。

惜福知足,可以对治人类对物质的过度追求。有惜福心,就会淡泊物欲,自能不见别人的是非、过患。惜福,也是佛教对于"同体共生"的认知,唯有珍惜大自然的各种资源,人类才能在地球上开展理想的新世纪;只有了解彼此群我的关系,能生感恩惜福的心,人生会更有意义。以上这四点惜福的方法,值得我们深思实践。

福寿富贵

福寿富贵是吉祥的象征,尤其中国人常讲"多福、多寿、多财、多喜",无不希望福寿绵延,子孙绕膝,昌盛隆显。但是活到100岁、120岁,儿孙满堂、一定获得富贵吗?活到百岁老病缠身,儿孙成群却不孝顺,亦是苦也;求高官,儿女各飞西东,得厚爵,亲朋嫉妒打击,又是多么遗憾。因此,什么才是真正的福寿富贵呢?提供四点意见:

第一,平安即是有福

高官厚禄,人人向往,但位高权大,不一定平安。唐朝两朝良佐长孙无忌,位列功臣首位,却因政治诡变,最后家族命运幡然改变。权贵之时,攀因索缘者,门庭若市,应付不暇,实在不得安宁。因此,名位财富之外,父母的平安,能颐养天年;儿女的平安,能健康成长;夫妻的平安,能和睦相处;事业的平安,能生活有序;做人的平安,能身心安顿。所以,平安是最大的福报。

第二,功德即是长寿

世界上的寿命,再长如彭祖活到800岁,最后仍免不了黄土一抔;世间上的福乐,纵然贵如帝王,终究归于生灭。因此,人生当求永恒的生命、无量的福报。像中国人讲"立功、立德、立言"三不朽,将精神、事业、道德流传于世,为人间留下贡献,留下榜样,留下言教,留下历史,永久让人怀念,功德就是最长的寿命。

第三,知足即是富贵

古人有谓:"财多愈求,官高愈谋,人心不足,何日够休。"不能知足,纵然家威显赫,亦是贫穷。被满清朝廷裂地封王的吴三桂,手握兵权,位高富贵,却不能安分知足,终归失败。弘一大师吃饭一碟萝卜干,洗脸一条破毛巾,他却说,"咸有咸的味道""还可以用啊"!所以,富贵不知足,犹仍贫渴;满足快乐,就是心里的富足。

第四,适情即是自在

世间好坏因缘虽然不定,但我们自己可以乐观以对,欢喜做人,欢喜处世,主动结缘。所谓随缘、随喜、随遇、随心,就会安然自得。又好比慈航法师说:"只要自觉心安,东西南北都好。"体会到"酷暑寒冬都美、南北东西都好、高低上下都妙、人我界限都无",就能适情自在了。

人能知足,就能常乐,顺逆能忍,即能平安。什么是福寿富贵?这四点做得到。

圆满的社会

"圆满"是人们所向往、欣羡的,好比花好月圆、子孙满堂、福禄寿全等,都被用来颂扬"圆满"。但是《法华经·譬喻品》云:"三界无安,犹如火宅,众苦充满,甚可怖畏。"人生总会面临生老病死、苦乐无常,甚至战争威胁、种族冲突、生态破坏、自杀犯罪、贫富不均、婚姻暴力等问题。要如何建设安全、安心、圆满的社会呢?

第一,善人要无我利他

极乐世界里"诸上善人聚会一处",没有冤仇嗔怒逼害,是因为善人懂得"无我"。因为无我,所以能放下小我,建设"大我"、融入"大我",尊重对方,处处为对方着想;能够"无我",待人处事,自然能你大我小、你对我错,没有比较计较,消融差别对待;能够"无我",才能以众为我,自利利他,自然受人爱戴、敬重。

第二,贤人要舍己为众

有些人才华高、能力强,却不肯为人服务、付出,空负这一身的能量,实在可惜。佛教说"大喜大舍济含识",诸佛菩萨也都是"来为众生来,去为众生去",老子亦云:"既以为人,己愈有;既以与人,己愈多。"能够舍己为众,为大众、为社会贡献微薄的力量,表示我们有能力、有价值，这比只是等待获取的人生更加充实、更具意义。

第三，正人要心存善念

不要小看一念善心，所谓"一善可以消百恶"，明朝进士袁了凡著《了凡四训》，正是说明心存善念而彻底改造命运。佛经云："一念善心，成佛有余。"佛教的八正道，即以正见、正思维为首，能够时时心存正念、善念，可以随缘消旧业，可以转凡为圣，离苦得乐。

第四，好人要正当信仰

信仰是发乎自然，出乎本性的精神力；正确的信仰可以获得无比的利益，例如佛经中譬喻：信仰如手、信仰如杖、信仰如根、信仰如力、信仰如财。但是信仰亦如交友，最要紧的是要正信，也就是思想见解要正当，言行作为要正当，如果信仰错误，好比一个人交错了朋友，毁了一生的前途。因此信仰的对象、宗教，更应该仔细抉择，确认正信的宗教、正当的信仰。

圆满的社会，不仅是追求物质生活富饶安乐，更是"天下一家""法界一如"，泯灭人我对待、自他融和一体，从人权到生权，彼此尊重包容，同中存异，异中求同，这才是真正圆满的社会。如何做到？有以上有四点方法。

和乐的社会

孔子阐扬礼仪之邦的理念,是为了建设和谐的国家社会;世界各国想要和平相处,必须彼此尊重包容,才能和乐爱敬。

一个安和乐利的社会,必须具备什么条件?除了经济富裕,让每个人都能工作无缺、生活无虞之外,更应该具有合于礼法、合乎道德的社会文化,如何建设真正和乐的社会?

第一,要能彼此诚实无欺

古人有因诚实,受到君主重用的,不乏其人。如齐景公敬重晏子的诚实,便委以重任,聘为上卿;汉高祖信赖周勃的诚实稳重,而说:"安刘氏天下者,必勃也。"宋真宗也因为欣赏晏殊的诚实,而加以重用。诚实无欺,是立身处世的根本,谋求各种职业,必须诚实,才能得到信任。

第二,要能彼此结缘感恩

对于恩惠不知感谢的人,是无法得到帮助的;时下一般人,只希望"别人为我",却不晓得"我为别人"。若能细想,平常的一粥一缕,来处不易;一石一木,一砖一瓦,也要经过多少人工的辛勤劳动,才能成为可居住的房子,怎能不感恩惜福呢?自己行有余力,也要广结善缘,福德因缘才会愈来愈深厚。

第三,要能彼此慈悲敬爱

一般人都认为圣人才值得敬爱,相反的,在圣人的眼中,每个人都值得尊敬。过去,基督教发扬博爱,墨子推崇兼爱,儒家阐扬仁义,历代诸子百家、宗教家,莫不希望能发挥人类的慈悲,如《胜鬘经》言:"普为众生作不请之友,大悲安慰,哀悯众生。"人与人之间,彼此慈悲敬爱,社会就能和乐自在。

第四,要能彼此谦虚尊重

一个人如果只知与人争论,只有加深彼此的怨结。过去有相邻的两户人家,其中一家人,每个人都理直气壮,相互怨怪对方的过失,总是闹得天天鸡犬不宁;另一户人家,只要有事情,总是谦和尊重,相互道歉,因此过得和乐融融。所以我们要培养谦和的气质,懂得包容谦让,懂得和平尊重,才能化斗争为融和,化困境为顺境。

《无量寿经》记载:"世间人民,父子兄弟,夫妇家室,中外亲属,当相敬爱,无相憎忌;有无相通,无得贪惜;言色常和,莫相违戾。"社会犹如一个大家庭,和乐安定的社会,有待全民共同建立。

文明社会

有人说:文明的社会就是"真善美的境界",它具有四个条件,如果能重视,就会让我们的人格、形象,提升到一个真善美世界。

第一,衣着是社交的礼节

俗云:"佛要金装,人要衣装",适当的穿着打扮,除了代表尊重与重视之外,也是一种身份认同的表征。我们在社会上与别人往来,比方参加宴会、典礼、会议等种种社交场合,都需要重视衣着。衣冠整齐是一种礼仪的表现,如果不修边幅,便是失礼。而且,整齐、适宜的衣着,不但是社交的礼貌,也关系到个人的形象。

第二,轻声是文明的象征

有的人一开口讲话,粗声、大吼、肆无忌惮,甚至到处嘈杂、扰乱安宁、干扰别人的谈话,这是最没文化,最没教养的表现。新加坡的政府规定,餐饮时不可以大声喧哗,因此,即使数千人的宴会,也是一片宁静祥和。轻声慢语,除了代表一个国家、民族的文化,和人民的教养,更是文明的象征。

第三,微笑是室内的阳光

中国人说:"见面三分情",大家有缘相见,脸上要经常挂着微笑。同事一天见面两三次,能够多几次微笑,表示友善与沟通,不但能使彼此相处愉快,也能减少摩擦冲突。世界上最美的就是笑容,一个人即使长得很美丽庄严,但没有一点笑容,像僵尸一样面无表情,也不成为美人。真正的活人,脸上都会挂着微笑;微笑就是阳光,能让人感到温暖喜乐。

第四,信任是成功的朋友

我们和别人相处,能信任对方吗?人际相处,如果对这个不信任,对那个也怀疑,到最后会连一个朋友都没有。有些领导者和干部之间,平日看似合作无间,实则互信基础不稳,一旦患难危急,信赖感便破裂,而导致无法弥补的悲惨结局。所谓"用人不疑",三国时代的吕布,便是活生生的例子。人之相知最重要的就是信任;信任一个人,他会死心塌地地效忠你,所以,信任是成功的朋友。

适宜的衣着、优雅的语言、真诚的笑容,以及全然的信任,不但能使我们享有优质的生活品质,也是文明社会的最佳表现。

福祸哀乐

人人莫不求福避祸，但是《印光大师文钞》里告诉我们："天之所以成就人者，有苦有乐，有逆有顺，有祸有福，本无一定。唯在当人具通方眼，善体天心，则无苦非乐，无逆非顺，无祸非福矣。"因此，福祸哀乐来时，应如何看待？从以下四点，可以知道：

第一，福莫大于无祸

什么叫作有福？多子多孙，抑或高官厚禄？《菜根谭》云："福莫福于少事，祸莫祸于多心。唯苦事者，方知少事之为福；唯平心者，始知多心之为祸。"真正的福莫大于无祸，若欲无祸，应当留意自己的起心动念。当我们心存善念，祸患反能成为逆增上缘；本为福德因缘的好事，由于心邪不正，福报也恐成为祸患。因此，无自私邪执，必能得福而远祸。

第二，祸莫大于求福

所谓"祸福有因，自作自受"。有人"福星高照"，有人"飞来横祸"，有人"因祸得福"，也有人"祸不单行"，是祸是福，全然取决于自身的造作。若想福至家门，在祸患之时，懂得培福、修福、求福，就能替我们消除灾祸，诚如曾子所云："人之好善，福虽未至，去祸远矣。人之为恶,凶虽未至,去福远矣。"

第三,乐莫大于为善

什么是快乐?吃喝玩乐,还是物欲享受?其实世间的快乐短暂而浮华。《华严经》有谓:"一者因乐,因行善法得他世乐,是名因乐。"我们若以一颗善良的心行善救济,服务人群,不但温暖人心,自心亦常欢乐,诚如明朝张景岳所说:"唯乐可以养生,欲乐者莫如为善。"足见快乐的泉源来自于行善。

第四,哀莫大于心死

面对亲人好友的失去、心爱东西的遗失,固然令人悲伤,但不舍的心情,会随着时间的流逝而抚平。其实最大的悲哀莫过于心死。历史上,崇祯皇帝见国破家亡,上吊自杀;项羽自知敌不过刘邦,刎颈自杀;屈原对国家失望至极,投江自尽,他们都是因为感到灰心丧志而结束生命。有希望才会有光明,无论遇上任何困境,切勿让自己的心失去生机,要怀抱希望,才能活出生命的意义。

福祸哀乐实为人之常情,也不是固定不灭的,无论我们现在处于何种境地,懂得乐天知命,随遇而安,抱持以上四点原则,则无处不逍遥自在。

宁静致远

诸葛亮告诫儿子:"静以修身,俭以养德。非淡泊无以明志,非宁静无以致远。夫学须静也,才须学也。非学无以广才,非勤无以成学。"许多人好大喜功,追名逐利,但是奢华的人生,往往如昙花一现,唯有充实内在,提升涵养,才能拥有光辉的岁月。如何达到呢?有四点与大家分享:

第一,非淡无以明志

人生最高的境界是能甘于淡泊,因为追求繁华容易,返璞归真困难,倘若无此淡泊心志,要将人格发挥到极致,就非易事了。生活恬淡寡欲、远离名利,才是真正的君子,如孔子"不义而富且贵,于我如浮云",王维"行到水穷处,坐看云起时",杨慎"古今多少事,尽付笑谈中",都是最佳的实证。反观现代人,惯于物质享受,真正能"不畏浮云遮望眼"者,又有几人?

第二,非静无以致远

哲学家苏格拉底有位彪悍的妻子,有回对他大发雷霆,又朝他泼冷水,苏格拉底只是笑笑地说:"雷鸣之后,免不了一场大雨。"外境的风雨,动摇不了圣者内心的宁静。儒家说:"定而后能静,静而后能安,安而后能虑,虑而后能得。"佛经亦云:"静心投入乱念中,乱念全入静心中。"我们在一天之中,不能没有独处的宁静时间;唯有宁静,才能让我们的身心永保安泰。

第三,非学无以广才

西汉文学家刘向以为做学问是"少而好学,如日出之阳;壮而好学,如日中之光;老而好学,如炳烛之明。"学习是成功的基石,人生活到老,学到老,一个人若太过故步自封,容易在原地打转,无法踏步向前。做人处事,要"学"才能开阔我们的视野,发挥我们的才华,所谓"开卷有益",懂得广学多闻,就能丰富内涵。

第四,非勤无以成学

人生无论做学问或创业,未经过集腋成裘的扎实功夫,往往无法学有所成。正如爱因斯坦说的:"求学犹如植树,春天开花朵,秋天结果实",若抱持一日暴之,十日寒之的心态治学做事,再容易的事也无法顺利完成。所谓"勤能补拙",只要有"勤",必能实现理想,创造佳绩。

生活里要想达到宁静致远的境地,以上这四点可以参考。

真正的享受

每个人都希望能舒服地享受精神或物质上所得到的种种。有的人希望享受富贵荣华,有的人喜欢享受天伦之乐,有的人喜欢享受清闲、安静,有的人享受读书、做事的乐趣。世间可以享受的东西有许多,要知道享受的真义,才能提高享受的品质。在此有四点意见贡献给大家:

第一,享受健康,不如享受平安

在现代如此不安全、不健康的环境中,能拥有健康的身体,是很大的福报。能享受健康固然很好,但更要享受平安。

一个人有健康的身体,如果心中不安宁,有太多的挂碍、恐慌、畏惧,或是颠倒妄想,那也算不得真正的健康。因此,身体健康很重要,心灵的平安更重要。

第二,享受财富,不如享受书香

有的人注重财富的积聚,眉开眼笑看着存折里逐渐增加的数字,觉得是最大的享受。能有财富当然很好,但不如享受书香。

有财富,可以买到鱼肉,却不一定买得到食欲;可以买书,却无法买到气质;可以召来酒肉朋友,却买不到知交;可以买上好的床,却买不到睡眠。财富不一定能够提供享受,拥有真理、知识、智能,才是最大的享受。

第三,享受名利,不如享受无求

有的人对名利的需要很殷切,渴望获得名利、荣耀、他人的恭维、赞美等等。其实真正的享受要享受无求,所谓"有求皆苦,无欲则刚",心中没有欲望,什么都不求,能看透功名富贵、名誉利乐的不真实,什么都不求,才是真享受。

第四,享受求得,不如享受施舍

有的人喜欢享受得到的快乐,买了彩券中奖了,乐不可支;股票涨了,欢天喜地;得到别人的赞美,心花怒放。

得到这些当然是享受,不过快乐莫过于享受施舍。我们说"舍得、舍得",有舍就有得。布施给人,看到他人快乐,我们会更快乐,所以说"施比受更有福"。能够布施,比得到、拥有更是富贵,更有功德。

我们都希望自己能享受人生,在此提出四点真正的无上享受,但愿大家都能了解此中深意。

世间之胜

世间上所谓宝物，依其价值论定。什么是有价值者？一般说来，东西坚固就有价值，如房子能持久、耐稳固，城墙要厚实、防攻击；为人道德受到尊崇，如交友讲义气、尚品格，用人取智慧、重能力，乃至《四十二章经》更有施饭转胜的典故。其实世间之胜者，还有很多，列举以下四点：

第一，一颗钻石胜过百粒珍珠

钻石与珍珠比较，当然钻石胜出。因为珍珠虽美，却脆弱易碎，钻石之胜，无坚而不摧。钻石又名金刚石，其性坚硬至纯，不可侵犯，所以佛教用金刚形容法的尊贵。如《金刚经》，表示此经所说之法，如金刚一般，可以破除一切邪说。又如"金刚心"，比喻信心坚固不动，如金刚之坚硬，不被任何物质所破坏。所以说，一颗钻石胜过百粒珍珠。

第二，一事立功胜过百人推崇

《战国策·触詟说赵太后》中说："位尊而无功，奉厚而无劳，而挟重器多也。今媪尊长安君之位，而封之以膏腴之地，多予之重器，而不及今令有功于国。一旦山陵崩，长安君何以自托于赵？"这就是说,若能为国家立下汗马功劳,比无功受禄,给人推举上去更有价值。因此君子行事,立功立业,作出贡献,才能真正为人感恩爱戴。

第三,一步谨慎胜过百城防备

秦始皇建筑万里长城,以防城池沦陷,却未防赵高弄权,秦二世即位不久,秦朝即灭。兵书《六韬》中说:"善除患者,理于未生;善胜敌者,胜于无形。"军事如此,无论做什么事也是一样。好比俗语也说:"平日修瓦,胜于雨天补漏。"因此,行事抱着如临深渊、如履薄冰的态度,谨慎为是,以防百密一疏,更胜于固若金汤、处处防备。

第四,一念慈悲胜过百年修为

近人合尘长老说:"一个人宁可什么都没有,不能没有慈悲。"诚信然也。一念慈悲可以化除嗔恨,一念慈悲可以化除怖畏。屠夫心生慈悲,放下屠刀立地成佛;佛经故事中的恶人乾达多一念嗔心,只有再堕地狱。佛法不在于空口说白话,主要在于慈悲的实践;假如没有慈悲,那就是"能信不行空费力,空谈论说也徒然"了。

世间物质,以坚固不摧最为宝贝;生存世间,以立功立德为人推崇;为人处世,以谨慎缜密为最上防备;正道修行,以慈悲救济为无上菩提。

世间之宝

世间什么最宝贵?一般人以财富为宝,经典却说财宝为"国王、贼人、水灾、火灾、盗贼"等"五家共有",随时有消逝之虞。西方名谚也说:"生命诚可贵,爱情价更高,若为自由故,两者皆可抛!"今日是民主开放时代,人们享有充分的自由,可是还是有许多人过得不快乐,究竟什么是世间最宝贵的呢?有四点如下:

第一,诚信是第一财富

《管子》说:"非诚贾,不得食于贾;非诚工,不得食于工。"其实不仅商人、工人如此,社会各界也是一样。所谓"人无信不立",人不真诚,就得不到信赖。商家企业诚信失衡,经济结构就会受到破坏,政治人物诚信破产,伦理道德就会秩序混乱;乃至一般人诚信不足,想要受到主管的青睐提拔,实在难也。所以说,"诚信"比黄金更宝贵,是世间第一财富。

第二,正法是第一坦道

什么是正法?正法就是真理,正确的见解、思想、念头、言语、行为、职业、智慧等,能与真理相应,就是正法。世间没有正法,则生悖逆诈伪之心,生活失去正道,就会纷乱、烦恼、坎坷。要想在人世间走得平安顺遂,唯有正法,才是康庄大道、第一坦途。

第三,实语是第一妙语

"实"是真诚不虚伪,"实"是正确而受用。话多而无意,不如一句给人启发;开空头支票,不如实践一句承诺。林肯的竞选对手问他一句:"你不到天堂去,请问你要到哪里?"林肯不急不徐地说:"我要到国会去!"赢得满堂彩;马祖道一质问猎人:"为什么不射你自己",让他放下屠刀,观照自己。实语实在是第一妙语。

第四,智慧是第一生命

我们肉体生命,一般也只能维持几十年,除了有限的生命外,还可以创造很多的事业的寿命,例如建医院、盖学校、救济、教育、公益……这都是寿命的延长。又如圣者的言语、著作,带给世间人提升思想,解脱烦恼,这就是他们智慧的生命。所谓"为儿孙作未来计,十望九空;为社会作众人谋,点滴有功"。只要留下历史,不必斤斤计较肉体寿命长短,只要奉献智慧,生命可以绵延无限。

所以,为人有诚信,富贵不失衡;处世有正法,平坦又光明;开口皆实语,入耳是妙言;智慧荫无量,永恒之寿命。因此以上这四点"世间之宝",是扩大自己、升华自己的法宝。

善美的特质

人性本善还是人性本恶？自古有多种学说，各有主张。其实，佛教讲"人人皆有佛性"，每个人的本性里，都有成佛的性能，亦即都有善良的一面。人性善美的特质有四点：

第一，赞美如花香，芬芳而怡人

每个人都喜欢听别人对他的赞美；赞美如花香一般的芬芳而怡人，所以我们和人相处，在适当而不矫情的情况下，不妨替人戴一顶高帽子。能够对人多一些赞美，在佛教里认为这也是"添油香"；我们何妨把所有人都当成未来佛一样，多替他添油香，自己也能广结善缘，增加福德。

第二，助人如冬阳，适时而温暖

"饥时施食，渴时施茶"，当别人有了困难的时候，适时提供帮助，这种"急难救助"，就好像冬天的阳光一般，温暖人心。所以，助人要及时，尤其真正的救人，应该是"救急"比"救穷"更重要；如果我们的社会，人人都肯"雪中送炭"，而不急着"锦上添花"，人间就会更有人情味。

第三,信心如舟航,乘风而破浪

人要有信心,才能安然走上人生的旅途。信心就像舟航,在茫茫的大海里,需要有舟航才能乘风破浪,安渡彼岸。人生也像大海,需要靠信心的舟航,才能到达目标。所以,建立信心、确立目标,是人生的第一要务。

第四,希望如满月,明亮而美好

人是因为希望而活着,有希望才有明天,有希望才有未来。希望像满月一样,圆满、明亮的月亮最美,让人感到清凉、感到自在;人生有了希望,就像黑夜里有了月亮,给人希望、光明,所以希望如满月,明亮而美好。

人性有善有恶,社会因此有黑暗与光明;我们应该发扬人性善美的本质,才能建设社会的光明面。

无欲

人间最自在的生活,就是无欲的生活;人间最快乐的生活,就是无欲的生活。古德云:"欲不除,如蛾扑灯",人们常因欲望不能满足,而生忧愁;为了贪婪无餍足,而生畏惧,如果能了悟无贪无欲之乐,哪里会有什么畏惧和忧愁呢?《阿含经》云:"舍欲乐无欲,如石出真金";人的生活,不一定要依靠物质才有快乐,在无欲、清净中更能体会富裕、满足的快乐。"无欲",是一个很高的境界,怎样才能无欲呢?有四点意见:

第一,人的心胸,无欲则宽

人的心中有了私欲,其心量就会很小;一个看淡俗欲者,势必是一位不贪者,且为宽宏大量之人。《论语》说:"见小利则大事不成",一个能看淡眼前利益者,必然是一个心胸开阔、眼光高远,能成就大事业者。

第二,人的心术,无欲则乐

人的心术,常常是权谋计量,种种的伶俐技巧,让自己心神不宁、患得患失。孟子说:"枉尺直寻",就是警诫后人不要太计较;孔子也说:"惠则足以使人"。如果你的心机太多,不但增加自己的烦恼，而且凡事用尽心术者，怎么会有真心的朋友呢？假如你有容人的气度、让人的胸襟，一切的用心，无私无欲，人生自然无比快乐。

第三，人的心事，无欲则平

有的人，心中有太多的挂碍，以及放不下许多的事物，因此常常闷闷不乐，心情一直不能平静。《墨子》说："非无安居，我无安心也！"这一切都是来自欲望太多，假如我们可以让自己欲望减少，则无有爱憎之心；无有爱憎之心，则无贪嫉之情。因此无欲的人，可以减少心中的挂碍，而让自己有平等心面对世物，在面对失败挫折时，更能以"失之东隅，收之桑榆；塞翁失马，焉知非福"的道理，看淡一切。所以无欲的念头，心事单纯，自有一番光风霁月的境界。

第四，人的心气，无欲则刚

我们的心，动不动计较得失，动不动比较有无，这"心"不平，自然气难和。假如我们能气定神闲，无欲无执的话，则心自平，自能显现刚正之气。康熙时著名的清官陆陇其说："心无私欲，自然会刚；心无邪曲，自然会正。"人的欲望越多，苦恼越多；欲望越多，人越会残缺；欲望越多，人就愈没有原则。所以一个没有私欲的人，才不会被外境左右其正气，无欲之人才能刚毅正直。

无欲、无私、无利害得失的"平等观"，就是佛道；所以学佛要先从淡泊物欲，从净化欲念做起。能将污染的欲念净化成善法欲，进而无我、无私、无欲，这就是人道的完成，也是佛道的根基。

一定少

世间上,凡事都有因果关系,要怎么收成,必先怎么栽。如果你没有努力的因,怎么会有收成的果呢?四种"一定少",提供参考:

第一,只知读书的人,活用一定少

我们常听人讥称别人是"书呆子",什么样的人被称为书呆子呢?就是只知道读书、只会死背书,而不能将所学活用于生活中的人。伊川先生说:"读得一尺,不如行得一寸。"读书是为了明理,为了让生活有反省的准则;读书是为了增加知识,为了让生活减少错误的机会。如果读书是为了文凭或为了考试,则"虽读尽古今天下之书,无益也"。所以读书应以力行活用为主。

第二,只知利己的人,朋友一定少

一个人如果时时刻刻只想到自身的利益,必定是一个只能共患难、不能同享乐的人,那么他的朋友一定不多。因为,只知利己的人,必定常与朋友钩心斗角、相争相夺,终致朋友纷纷远离。古云:"君子好人之好,而忘己之好;小人好己之好,而忘人之好。"朋友交往,虽不能只在利益上往来,更不能心存自私,应该要用奉献、付出、真诚的心与人来往,如此才能受人敬重。

第三,只知享乐的人,成就一定少

一个人如果只知享受,而不肯勤劳、不愿努力、不懂奋发上进,一定不会有所成就。就如农民如果没有春天的播种,又怎么会有秋天的收成呢?程颐说:"懈意一生,即为自弃。"一个只知享乐的人,就等于是一个未战已降的士兵。所以,安逸享乐是人类的敌人,若不能战胜他,则永远不能获得成功。

第四,只知贪懒的人,财富一定少

《佛光菜根谭》说:"知足是天然的财富,奢侈是人为的贫穷,精进是无尽的能源,懈怠是隐形的危机。"有的人贪图安逸、懈怠懒惰,这样的人很难发财致富。因为财富不是从天上掉下来的,而是靠自己努力赚得;财富不是由享乐中得来的,而是靠勤劳节俭积成。一个懒惰的人,没有耕耘,如何能有收成呢?所以,只知贪懒的人,财富一定少。

语云:"好马不需马鞭,勤人不用督促。"一个懂得自我学习的人,必能视勤奋为快乐之源;一个懂得自我成长的人,必能将所学知识运用于生活之中,唯有如此,才能不断进步与成功。所以,四种"一定少"足堪我们引为借镜。

节制的益处

人生最大的烦恼是欲望,如果欲望不节制,让它泛滥成灾,是非常危险的。中国民间有一首歌谣:"终日忙忙只为饥,才得饱来便思衣。衣食两般皆丰足,房中又少美貌妻。取得娇妻并美妾,出入无轿少马骑。骡马成群轿已备,田地不广用不支。买得良田千万顷,又无官职被人欺。七品五品犹嫌少,四品三品仍嫌低。一品当朝为宰相,又羡称王作帝时。心满意足为天子,更望万世无死期。上天梯子未做好,阎王发派鬼来追。一棺长盖今生了,来世不知归何趣?"道尽了欲望永无止尽,犹如举债的无尽利息,只有增加更多的恶业而已。所以,节制欲望,是很重要的。"节制的益处"有四点:

第一,不贪淫可以养德

佛经比喻贪淫如火能烧心,又说诸苦所因,贪欲为本。孔子说:"夫寝处不适,食欲不节,逸劳过度者,疾病杀之。"贪淫不但会使人心神惑乱,还会致病生蛊,减损道德。所以,凡德高望重之人必定是节制贪心、淫欲之人。

第二,能清淡可以养寿

现代医学已经证明素食的好处胜过于荤食。饮食清淡、人情淡泊、生活简单，可以延年益寿。东晋陶渊明三径就荒，采菊东篱下，过着"引壶觞以自酌，眄庭柯以怡颜"的生活，就是身泰神安，延年益寿的榜样。

第三，少饱食可以养身

所有的养生书籍均记载："饮食不节，百病丛生。"尤以上了年纪的人，每餐进食，宁少勿多，每餐只食七分饱，滋味清淡，自然不会须索无度而生嗔怒。"饱食终日，无所事事"对一个人的身心伤害是很大的，所以少食静坐，必能调养精神，增加健康。

第四，无求荣可以养品

语云："人到无求品自高。"人生到了不贪求什么，自然也就不会招致耻辱了，同时也会流露出高洁的浩然之气。

所以，我们对自己的欲望，要有一些节制。有关节制，天台宗的"二十五方便"的"调五事"载："调节饮食，不可过饱。调节睡眠，不节不恣。调身，使之不宽、不急。调息，使之不涩、不滑。调心，使其不沉、不浮"，可说都是节制的益处。

诚实的重要

佛教五戒当中有一条"不妄语戒"。说谎是很可怕的事,所谓"祸从口出",一句不诚实的话,很容易惹来不良的后果,许多无端的是非、麻烦也因此产生,所以我们可以没有钱、没有名,但不能没有诚实。诚实是人之宝,每一个人都应该养成诚实的习惯。"诚实的重要"有四点,贡献给大家:

第一,言行要诚实

言谈举止最重要的是要能诚实,因为我们的言语、行为,无时无刻不表露在外,让人知道、给人看到。倘若我们经常说话不算话,行为不端不正,往后不论我们说了什么、做了什么,即使是真实的,也没有人敢相信,那可真是得不偿失。

第二,感情要诚实

现在的社会,男女青年交往经常是状况百出,稍有不顺心,就想不开,就闹分手。甚至结婚多年的夫妻因为一言不合,便闹离婚,当初相处的山盟海誓霎时就撕毁。这些悲剧的起因,往往是彼此对感情的诚信不重视。一般人在受了伤害,尤其是遭受欺骗时,最是愤愤不平,计较不止;家庭贫穷,生活不好过,还可以忍耐,但是一个感情受了伤害的人,就很难平静、欢喜地过日子。

第三,做事要诚实

有些人与人共事,老想偷懒、讨巧、耍小聪明。这种做事苟且搪塞、不诚实的态度,久而久之,被察觉出来之后,就不会有人肯再跟他合作了。

所以我们做事要能踏实,对别人托付的事情,必须正视它,并且负责到底。

第四,往来要诚实

卡耐基说:"和人交往,要以诚相待,方能换取真挚的友谊。"世间上,人与人之间有许多的往来,举凡生意上的往来、情义上的往来、朋友的往来等,都须以诚相交。假使往来不能诚实,别人受了欺骗,知道我们的底牌,就会轻视我们,那么日后我们在为人处世上必定不会圆满顺利,如此,不但自己被孤立,名誉也会丧失殆尽。

诚实的人,才能坦然面对一切,而没有恐惧,无所愧疚,也才能与人广结善缘,拓展生命的广度。

何者为耻

羞耻之心是无上的尊严,无上的美德。知羞耻在佛教里称为惭愧,《维摩经》将惭愧比为"上服":最好的、最美丽的衣服。因为一个人有了惭愧心,就能够防非止恶,避免种种为非作歹的丑态。一个不知道羞耻的人,会让人瞧不起。如何才是知耻?

第一,心存羞恶,立思改正

《地藏经》说:"南阎浮提众生,举止动念,无不是业,无不是罪。"一般人在行为处事上,虽然可以要求自己如仪如法,不犯过,有时候心里还是难免会生起不正当的念头。但是,修行者不怕念起,只怕觉迟。只要能够知耻,择善弃恶,在不净念刚生起时,立刻觉知,立即改正,久之,即能善念相继,而成就道业。

第二,不屑卑污,尊重自处

知耻者即使处在低劣的环境里,也懂得自尊自重,不屑于跟别人同流合污。六祖惠能大师曾混迹猎人队中15年,不仅守住原则,还度化了大群猎者。知羞耻者,必能自我尊重,不甘随别人堕落。

第三,不甘暴弃,力求进步

孔子曾自谦:"吾少也贱,故多能鄙事。"孔子年少时曾放牛牧羊，也曾做过仓库管理员。但是贫苦的经验，并没有带给他丝毫的自卑，反倒因而具备许多生活技能。有羞耻心的人，纵使遇到生活的困境，或精神的违逆，也不会自暴自弃，一定会勇气十足，力图振作。

第四，不图苟存，宁死御侮

南宋宰相文天祥被元军俘虏，元师敬重他的人品，不忍杀他，劝他投降，他却选择慷慨就义。《过零丁洋》的诗句："人生自古谁无死，留取丹心照汗青"，感动了后世千千万万的人，他忠于国家的志节，正是符合孟子所言："生，亦我所欲也；义，亦我所欲也。二者不可得兼，舍生而取义者也。"知惭知耻的人，宁在道德正义前牺牲，也不愿违背正义而苟且偷生。

《佛遗教经》说："若离惭耻则失诸功德。有愧之人，则有善法；若无愧者，与诸禽兽无相异也。"知耻是进步的力量，是道德的力量。《论语》也说："知耻近乎勇"，希望大家都能养成羞耻心。

何为"真"

《红楼梦》里有句警言:"假作真来真亦假",短短七个字,将人世间的现象说清了一半。这个世界上,有些人面善心恶,有些人面恶心善;有些事似假却真,有些事似真却假。什么才是"真"的?

第一,真悲无泪而哀

真正伤心的人,不见得会嚎啕大哭。心里头真正悲痛、哀伤时,心都揪在一起,对于周遭的一切,反而麻木不仁,也忘了所有的表情反应。俗话形容人悲伤的极致说哀肠百转、愁肠寸断,哀伤到肠子都打了几百个结、断成几百段,连眼泪都掉不出来,木然地呆住、愣住了,那才是真悲到极点,哀到极处了。

第二,真怒未发而威

许多人在生气时,不是面红耳赤,就是暴跳如雷,或是大肆咆哮,这些都只是把心中的怒气发泄出来而已,不一定能形成力量来慑服别人。真正威武的人,怒气不必显现在面容上,只要他心里头一动念,威严自然外现,那种威风的姿态,就足以摄受人,降服人。

第三,真诚无言而挚

巧伪不如拙诚。人的真诚不一定要通过语言来传达,一个从心底真诚待人者,只要一个眼神、笑容、神情,甚至只要静静地站着不动,诚实的气质就自然透发出来,让人感觉到他的真诚。因此,《颜氏家训》说:"诚于此者形于彼。人之虚实真伪在乎心,无不见乎迹。"

第四,真亲未笑而和

亲人朋友之间的亲爱之气,不一定要借由笑容才能表达。相交相知的朋友,一个表情,自能心有灵犀;恩爱相敬的夫妇,一个凝视,就懂得对方的心意;正在玩闹的小孙儿,只要回头能看到老祖父、老祖母的背影,他就感到心安。这些从心中散发的亲切祥和之情,不需要笑容,也能令人感受到。能够以眼泪抒发的哀伤,还容得下别人安慰的余地,就怕万念俱灰的绝望;雷霆之怒未必能显现真正的力量,能够不怒自威而服人,才是善用生气的力量。发自内心真正的诚挚、真正的亲切,不待满面的笑容来嘘寒问暖,也能让人深刻地感受到。

勇者的气度

《论语》说:"暴虎冯河,死而无悔者,吾不与也。"一个人即使有胆量空手与虎搏斗,胆敢不靠舟船就渡河,呈现的也只是匹夫之勇、血气之勇。有勇无谋非真勇敢,真正的勇者,不仅要具备勇气,还要有谋略、有智慧。我们可以从四方面来看勇者的气度:

第一,大事难事看担当

面临大事或难事,有人选择逃避或退缩,有勇气的人则选择面对。《三国演义》中曾描述鲁肃向孙权献计,设宴向关羽索回荆州。关云长在众人劝阻下,还是单刀赴会,却于宴后佯装醉酒,拉着鲁肃说:"您今天请客,莫提起荆州之事。我醉了,怕伤故旧之情。改天请您到荆州做客,再作商议。"

单刀赴会,是勇;借酒脱身,是谋,关云长有勇有谋的担当正是勇者的气度。

第二,逆境顺境看襟度

人生在世,不可能一辈子处于顺境,也不会一辈子遭遇逆境。有些人在生活顺遂时,不知养深积厚、未雨绸缪;等到逆境来时,又只会怨天尤人。其实,所谓"逆境来时顺境因",处于逆境,正好韬光养晦,充实自己。处于顺境时,则应谦冲为怀,时存感恩,积福保福。看一个人对顺、逆境的反应,就可以看出他的胸襟和气度。

第三,临喜临怒看涵养

唐朝时有位漕运使,遇风沉船,损失大批食粮,尚书卢承庆将他的考绩评为中下,漕运使看了,不愠不火。后来,尚书考虑到风灾非人祸,就将他的考绩改成中中,漕运使看了,也没露出喜色。尚书赞叹他的"宠辱不惊",就将他的考绩改为中上。一个人临喜临怒,能够宠辱不惊,自有过人的涵养。

第四,群行群止看识见

处在人群中,有时不免要随顺他人的行动,尤其在讲求流行的现今社会,衣食住行娱乐,哪一样跟不上别人的脚步,就会被讥为落伍。但是,一个有识见的人,有当行则行、当止则止的智慧,有分辨真相的能力,不会被视听混淆,不会盲动、蠢动。对有意义的事,有"虽千万人吾往矣"的勇气;对无意义的事,虽是众人趋之若鹜,他也会坚决拒绝。

有宽大的胸襟,深厚的涵养,见多识广,勇于担当,都是勇者的气度。希望大家都有勇者的气度。

勇者之钥

行船的人要有勇气,才不怕狂风巨浪;商人投资也要有勇气,才能赢得商机;一个勇者,在这个世界上面对种种境界,他会有力量处理,会有方法克服。信仰宗教的人,在人生的战场上,他就是一个勇者,为什么？因为他要与自己的贪嗔、嫉妒、愚痴作战,降伏魔军,打败烦恼。好比一个将领率领军队,打倒敌人、土匪、强盗,才能赢得胜利。一个勇者如何作战？有四个要点：

第一,作战追求出奇制胜

人生是一场战争,作战的方法,你有时候不能太过刻板,不能太固执。你看历史上,韩信用"明修栈道,暗度陈仓"的奇计,攻取三秦;陈平也要"六出奇计",才能为刘邦定天下。所谓"法无定法",当贪嗔痴这许多烦恼大军来临,你要有求其变通的时候,时而用戒、时而用定、时而用慧,交叉互用,追求出奇,才能制敌取胜。

第二,谋划追求保守机密

我们与敌人作战,要有一个作战计划才能厥奏其功,但是这种谋划要完备机密,不能让敌方知道,否则一定失败。人生的战场也是一样,有些人好高谈阔论,口无遮拦,一点设防都没有,无论什么秘密、什么隐情都给他泄露了。当他说出来以后,内心就没有力量了。也好比有些人不能稳住悲伤,哭泣流泪之后,他就没有含悲奋起的勇气与力量了。

第三,事杂追求冷静稳重

社会的万象变化多端,我们内心的烦恼也是密如稠林。人生的战争千头万绪,在复杂的人事当中,最要紧的是要有冷静稳重的态度。山稳不能撼,心稳不会摇;水静不起波涛,心静不起烦恼;能沉着冷静,稳扎稳打,人生的战场上,就不怕事杂纷扰,不致乱了方寸。

第四,志向追求始终如一

鲑鱼逆流而上,溯源是它一定的方向;大树枝繁叶茂,扎根是它稳固的目标。在人生战场上,也要有一个不变的追求目标:我要不断自我要求,我要提升生命境界;我要净化身心,我要成圣成贤;志向始终如一,不能经常改变,所谓"精诚所至,金石为开",目标一定会达到。

人不怕拙,补拙之钥是勤;路不怕遥,行远之钥在恒。

小错成大过

许多人、事、物看起来小而不起眼,却往往有不可限量的未来。例如小沙石混水泥,可以建高楼大厦;小土沉积河床,可以让流水淤塞;小小的一句话,足以影响一国之兴衰;小小一文钱的布施,能济人燃眉之急。《关尹子》曰:"勿轻小事,小隙沉舟;勿轻小物,小虫毒身。"所以小错不可忽视。"小错成大过"有四种:

第一,一念之差险象丛生

常言"一失足成千古恨",棋错一步,全盘皆输。只要一念不正,后面可能步步险象环生。疆场上一念之差,判断错误,千古名将,也会令全军覆没,丧国辱命。如欧阳修说:"夫祸患常积于忽微,而智勇则多困于所溺。"一念虽小不可忽视,一念嫉妒害人,可能毁了自己和他人的一生;一念反省自心,清净自性就升华了。人之一念,影响甚大。

第二,一石之倾百城危及

过去中央集权,一人犯上,会累及全家,甚至株连九族。上官仪得罪武则天、明朝胡惟庸叛国,都导致满门抄斩的结局。有道是一人为官,全家有福;一人失道,全家非难。行动之前,最好思量再思量,避免让千里之堤,溃于蚁穴;万里之墙,毁于一石。

第三,一火燎原池鱼遭殃

城门失火,殃及池鱼;星星之火,可以燎原;小小烟蒂,足以造成森林大火;小小走火,足以毁灭整排房子,多少救火英雄,都因此牺牲了。修行也是一样,如古德说:"佛前多劫兴供养,所积广大福德缘,一念嗔心才兴起,尽焚彼福成灰烬。"修行应该修之于心,心中常存慈悲之念;诫之在嗔,不令嗔火烧毁诸多功德。

第四,一言争锋百口交谤

许多人常因好辩出风头,弄得脸红脖子粗,殊不知"是非以不辩为明"。所谓"是非只因多开口,烦恼皆因强出头",《杂宝藏经》亦云:"得胜增长怨,负则益忧苦,不争胜负者,其乐最第一。"因此,人际之间的语言交谈不能不留心。

小小一个邪念,可以毁掉一切,但小小因缘,也可聚成丰功伟业。眼睛很小,可以看遍世界;鼻孔很小,却嗅着虚空的气息;每一个小小细胞,都助长了生命的生存。积小善成大德,累小恶成大过。"小错成大过",这四点不可不慎。

安贫乐道

有一首《安贫乐道》的古诗说得好:"心安茅屋稳,性定菜根香,世事静方见,人情淡始长。"这首诗是告诉我们要能安于贫穷困苦,并且以坚持自己的信念、理想为乐。

如何"安贫乐道"呢?

第一,心安茅屋稳

慈航法师曾说:"只要自觉心安,东西南北都好。"一个人不论处于何等情境,只要心不为所动,就能浸淫在一片放旷自在的喜乐中。就像颜回"居陋巷,一箪食一瓢饮,人不堪其忧,回也不改其乐";如大迦叶尊者,在山林水边,处荒郊乱冢,也能怡然自得。儒家云:"万物静观皆自得",真正的平安,不在有多少人保卫,或是拥有多少华屋大厦;只要内心平静,哪怕是住在茅屋里,都能安稳自得,充实而满足。

第二,性定菜根香

万味均从根底发香,厚培其根,其味必厚。人也是如此,本性若安然、稳定,不妄求,不作非分想,虽日日粗茶淡饭,生活仍然舒适、畅快。如战国时代颜斶的"安步以当车,无罪以当贵";弘一大师的"开水虽淡,淡也有淡的味道",都是甘于安贫乐道,以不多求为自身富贵之例,如此生活,实是人生至乐!

第三,世事静方见

世间事复杂难明,如何才能识得世法的真相,而在混乱当中保持清明呢?如同清澈见底的池水,无染无波,便能直透池底风光。我们的心也是如此,唯有拥有一颗没有动乱,无有争执,宁静安详的心,才能洞悉世事的本来面目。

第四,人情淡始长

"君子淡以清,小人甘以绝。"人与人之间的交往,只有在平淡之中,才能见出真情实意;富贵荣华时的交情,就如饮蜜汁,虽甘美却容易变质。的确,淡淡的花香最怡人、淡淡的开水更甘醇、淡淡的友谊才能长长久久。

古圣贤哲无不谨遵"安贫乐道"为修身养性、为人处世之道。处于物质丰裕时代的现代人,能否体会这等清闲自在,放旷于自然的人生滋味?

节制的好处

人,有很多力量,比方忍耐的力量、慈悲的力量,还有一种是节制的力量。因为世间不是我一个人的,面对生活中的种种人事物,乃至面对自己,我们都不能任性而为、随意而做。例如对于不适宜的话要节制,不能讲的话要节制,甚至不当的事,也要节制自己不能去做。节制有什么好处吗?有四点如下:

第一,情绪节制就能养气

人有很多的烦恼,情绪是最大的问题。当你情绪不稳,就会时而欢喜,时而悲伤,时而热情,时而后退。这样,做朋友的,会觉得你捉摸不定;做领导的,也会对你不放心。假如你能控制自己,节制自己的情绪,能够不被情绪所转移,才能逐渐培养出正义、无畏的正气。

第二,饮食节制就能长寿

长寿有很多原因,吃得健康、吃得营养是一个重要原因。在过去物质贫乏的时代,以为多吃一点,就多一点营养,其实并不尽然。所谓"祸从口出,病从口入",很多身体上的毛病,就是因为吃得不当吃出来的。你饮食能够节制一点,不暴饮暴食,讲求均衡,让肠胃不致负担太多,才会健康益寿。

第三,金钱节制就能致富

生活富有,是人人所追求,致富则需要具备种种条件,基本之一,就是节制金钱。假如你不节制,乱花滥用,所谓"船载的金银,填不满烟花债",就算你有再多的资产,也经不起阔绰挥霍。《警世通言》也说:"食在口头,钱在手头。费一分,没一分,坐吃山空。"因此,没有钱时,当然要节约,有钱时更要节制。

第四,感情节制就能珍贵

人类是感情的社会,维系社会伦理纲常、连系亲朋家族者,就是感情。感情如水,万物成长,不能没有水的灌溉,人间有情,也不能没有情的滋润。但是感情也不能过多,你不节制,就会成泛滥成灾。所谓"发乎情,止乎礼",不随便滥用感情,不逾矩越份,感情才能长久深刻,才显得珍贵。

这四点"节制的好处",看似简单、老生常谈,却要落实在生活之中,才能获得真正的利益。

不要记恨

俗语说:"人不为己,天诛地灭。"人们经常为了自己的生存利益,做出害人利己之事。对此,我们应持宽容的态度面对,这种宽容,不是不问是非地和稀泥,而是从自我修身的态度出发。因为记恨,除了自己无益外,更殃及亲友、社会。以下有四点说明:

第一、兄弟互相怨恨,受害者是父母

手与足是身体的一部分,手足不协调时,自身就是最大的受害者。古人将兄弟喻为"手足",如俗语说:"父母天地心,大小无厚薄。"兄弟姊妹都是父母所生,面对子女相怨、彼此阋墙,甚至形同陌路时,身为父母,有如亲身手足不协调般的痛苦。所以兄弟姊妹彼此扶持礼让、亲厚相待,才是孝道的表现。

第二、夫妻互相怨恨,受害者是家庭

俗语说:"夫妻同心,相敬如宾。"夫妻和睦恩爱,是家庭甜美的根源。如果夫妻不和,不但自己身心苦闷、父母担心烦恼外,最大的牺牲者就是无辜的孩子。因为父母关系的亲密、家庭气氛的和谐,都是影响儿女身心发展的要素,因此夫妻应该相敬相爱,才能让整个家庭的成员健康快乐。

第三,同事互相怨恨,受害者是公司

一个公司里,如果同侪互相嫉妒、彼此障碍,必会影响业务绩效,公司的主管,必也因为部下的不和,而难以领导,造成危机。所以同事间要相互尊重、包容,肯定他人的存在价值,多看别人的付出贡献,才能建立团队精神,才能让公司蒸蒸日上。

第四,政要互相怨恨,受害者是国家

所谓"将相不和,国家非福"。一个国家的政要,如果互相钩心斗角,彼此争权夺利,国家最后的下场,必会沦为他国的附庸。因为政要间的纷争贪利,必会让人民不安,社会暴力无法克制,如此一来,国防外交必有遗缺,而让他国列强觊觎侵夺。所以政要同心,则国家幸甚。

哲学家亚里士多德说:"品格高尚的人不会记恨,因为一个伟大灵魂的标志,并不是牢记自己所受的屈辱,而是忘记它们。"记恨,就如长期在胸口插着一把生锈的刀,让自己与周围的人都不能安心自在。所谓"得饶人处且饶人",这是自我快乐和谐的方法,"不要记恨",才能避免上面四点遗憾。

学教成事

每个人从小到大,从壮到老,大部分的时间都处在学习的状况。有的学习是好的方面,对于人品、智慧日有所长;有的学习是坏的方面,对于人品日有所损。有的学习是自觉的,如读书、修行;有的学习是不自觉的,如生活习惯的养成。有成效的学习,不仅自己能增长智慧、完成品格,还能够帮助他人成长。我们要具备什么样的态度,如何学习,才能有效且能润泽他人?下列四点,提供大家参考:

第一,学所以治己

我们读书、学习,不是为了应付别人,而是为了修养自己,对治自己的毛病。比方脾气不好、嗔恨心重的人,可以学习慈悲及宽恕,来对治自己的嗔心;常喜欢损恼他人者,就学习尊敬,体会他人的不足,来对治自己的害心;常常愁眉苦脸者,可以学习喜心,来对治自己的悲观消极;贪欲心强烈的人,学习布施喜舍,来对治自己的贪心。所以,学习是为了对治自己的毛病,读书识理,也是为了修养自己。

第二,教所以导人

古人说,"学而优则仕",意思是希望读书有成的人,能为社会贡献一些力量。我们学习有了心得、成效,要不吝与人分享,佛教也有谓:"诸供养中,法供养为最。"能引导别人向善、向好,也是贡献社会大众的一种方式。

第三,勤所以改惰

无论做任何事情,最重要的就是要勤劳。佛教讲发心,所谓发心,就是面对任何事,都发自内心勤恳以对。只要能够勤勉学习,而且确切实践所学,就可以改除自己的惰性。

第四,行所以成事

要完成一件事,除了规划蓝图、撰写计划,最重要的是身体力行。俗话说:"说得一丈,不如行得一尺。"有再好的计划与目标,不靠力行,都是无法成事的。

所谓"活到老,学到老"。不断地学习,让自己常保持前进的姿势,是人生最有意义的事。对于学习所应抱持的态度,在此提供以上四点意见,贡献给大家。

如何增加气质

一个人光靠外相,有时候人家也不一定很欣赏。如果我们的气质能让别人肯定,受人赞许,这种欣赏才更具有内涵。气质有多种:书香的气质、教育的气质、善良的气质、庄严尊贵的气质、高雅大方的气质等等。因此,在做人处事上,如何把自己的气质表现出来,是很重要的。有四点意见如下:

第一,说几句赞美的话

见到人家说几句好话:"你好慈悲""你的举止真文雅""真感谢你的帮忙",这就好像香水,只要一点点,就可以使环境气味芬芳,说好话,自然也可以让周围气氛和谐起来。

你说赞美的话,看起来是为别人,其实也是表示你谦和的气质,因为你不会贡高我慢,不会自我清高,肯与人交流往来,肯得布施欢喜,别人也会欣赏你这种气质。

第二,做几件利人的事

我们平常做事不要只想到自己的利益,要想到帮助别人、利益别人。你肯帮助别人、利益别人,心甘情愿,不觉得是吃亏,人家自然看得出你的善心、你的美意,反而会恭敬你、感念你、肯定你、感谢你，认为你是一个有慈悲、爱心气质的人。

第三，看几本圣贤的书

所谓"三日不读书，便觉面目可憎"，若不读书，一开口，便觉得言语无味；反之，读书，则可以改变气质，增加内涵。读书，也不只是看报纸、杂志或闲书，若能看几本圣贤的书，充实知识，吸收前人美好的品德，进而"见贤思齐"，成为自己生命骨肉的一部分，可以为自己的气质加分。

第四，留几分自我观照

自己反省、内观，要肯检讨、感恩、忏悔，你在心中，有这许多好的东西在酝酿，慢慢地会展现出庄严纯善的好气质。

一般人以容貌出色动人为气质，有的人以精神、毅力为气质，有的人以谈吐幽默、诙谐风趣为气质，有人则以善解人意、处处为人设想为亲切的气质。不管什么，想要改变自己的气质，不是很难的事，以上四点，是很好的方法。

不后悔的要诀

你后悔过吗？后悔，令人懊恼，令人遗憾，令人伤心，令人难以追补，可是，人却经常后悔。假如一个人可以多方考虑，思想周密，就不容易后悔。怎样有一个"不后悔的人生"呢？有四点意见提供：

第一，有所发言，必庄重

无论你在什么地方讲话，都要庄重不要轻佻发言。所谓："言者无心，听者有意"，假如你的态度诚恳、真实，庄重的发言，自然不会引起他人的误会，事后就不会后悔了。

第二，有所措施，必筹谋

人生无论做什么事，总要有个预先的计划。你必须先有个筹划、商量。你把它安排一、二、三、四，有了步骤、有了程序、有了因缘、有了内容，这样，不会匆忙决定，做起来就不会懊悔。

第三，有所决断，必咨询

无论你做什么事情，常常要有决断。做，还是不做呢？这样做好，还是那样做好？要做大，还是做小？不管你怎样做，都必须和上级咨询，或者和部下会议商量，如此，你所有的决断，就会得到很多人的支持、赞助，否则一意孤行、独断独行，没有人拥护你。

第四，有所过错，必承担

人难免有思考不周的地方，假如所做的事情有过错了，你赶快自己承担起来，"这是我不对""这是我不好""这是我不应该"，你能够这样诚恳、老实地承担责任，别人也会给你安慰，提供你意见，协助你解决，后悔的程度就会减到最小。

古时，有一学僧向云居禅师请开示"如何不懊悔"。云居禅师说，通常人有十种后悔，只要把"不"字改为"要"字就可以了。这"十后悔"是什么？一，逢师不学会后悔；二，遇贤不交别后悔；三，事亲不孝丧后悔；四，对主不忠退后悔；五，见义不为过后悔；六，见危不救陷后悔；七，有财不施失后悔；八，爱国不贞亡后悔；九，因果不信报后悔；十，佛道不修死后悔。能把"不"改为"要"，即"逢师要学，遇贤要交，事亲要孝，对主要忠，见义要为，见危要救，有财要施，爱国要贞，因果要信，佛道要修"，就能有一个不后悔的人生。而这"不后悔的要诀"也很有意义，值得我们深思。

处贫富贵贱时

四季有"春夏秋冬",世间有"成住坏空",人生也难免会遇到"贫富贵贱"各种际遇,古人有"贫贱不能移,威武不能屈"的志节,现代的我们,在自己遇到贫富贵贱时,应如何面对哪一时刻呢? 有四点意见:

第一,我若富贵不可骄慢

宋朝谏议大夫陈省华有三个儿子,长子当宰相,二子及三子也在朝为官,一家富贵显赫。陈省华却要妻子每天带着儿媳妇下厨做饭,他的治家信条是:"官职愈高,愈要严以律己,才能取信于民。"功名富贵具全,是世间的福报,在富贵中,更要有善心义气,才能获得别人的敬重,千万不可以骄横我慢,气势凌人,否则纵得富贵,终究必败。

第二,人若富贵不可嫉妒

奥德伦与阿姆斯特朗一起登陆月球,但所有赞誉焦点都在阿姆斯特朗身上。记者问奥德伦:"阿姆斯特朗先出太空舱,成为登上月球的第一人,你会遗憾吗?"他幽默地说:"别忘了,回到地球时,是我先出太空舱,我是由别的星球来到地球的第一人。"友人升官富贵,替他祝贺,不须嫉妒,我虽富贵比之不如,但人格涵养未少一分。

第三,我若贫贱不可屈从

陶潜不为五斗米而折腰,黔敖不受嗟来之食,他们虽无财无势,骨气却昂然不屈,令人钦佩。因此,一个人什么都失去了,但尊严气节不能失。困顿不过一时,贫贱不会长久,只要努力奋发,广结善缘,贫困是琢磨志气的玉石,卑贱是成熟身心的冬雪,人格会如傲梅,愈冷愈开花。

第四,人若贫贱不可欺负

汉景帝时,御史大夫韩安国因为案件牵连,被关进牢里。监狱看守官田甲,为人势利,经常对他斥责或加以凌辱。不久韩安国受命担任梁孝王内吏,田看守只得厚颜前往请罪。民间有一句话:"三年一运,好坏照轮。"世间万事缘起缘灭,无常变化,虽然一时没财没势,无所成就,但来日或有辉煌腾达之时,岂可轻视他人?因此,不可欺负贫贱之人,这是做人之道,也为自己留一点转圜余地。

贫贱有贫贱的因缘,富贵也要有富贵的条件,人生在世,不必因一时的阔绰享受而志得意满,忘却努力;也不要为一时的困乏而灰心丧志,失去力量。

忍之美

人,为了生存,必须忍受现实生活中的种种逆境,包括人情、工作、环境所加诸我们的种种考验;我们唯有具备忍的力量、忍的智慧、忍的勇气,才能化解困境,才能增长自己的德行。所以"忍之美"有四点看法:

第一,忍饥者可以明志

"民以食为天",饮食是维持生命的第一要素,当一个人没有饭吃,在忍饥挨饿的时候,最能看出他的志节。历史上的伯夷、叔齐,宁可饿死首阳山,也不食周粟,这就是表现他们的志节。

第二,忍贫者可以去贪

"饱暖思淫欲,饥寒起盗心。"有的人自己贫穷,看到别人富有,就生起非分之想,于是杀盗抢劫,无恶不作,这就是不能忍贫,所以起贪心;反之,甘于淡泊,安于贫穷的人,他没有贪心,自然不会胡作非为,所以忍贫者可以去贪。

第三,忍气者可以增德

平常一个人要他忍饥忍饿、忍寒忍热、忍贫忍穷、忍难忍苦,都还容易;"忍一口气"不容易,忍气是要有相当的修养功夫才能做到。假如一个人真的能忍一口气,能接受委屈、挫折、伤害,都能甘之如饴,都不计较,这种人必定很有道德。

第四,忍辱者可以负重

一个人当他受到了伤害,受到了屈辱,只要他自己本身有力量,能够把屈辱、伤害,都能忍受下来,必定是一个能负重的人。对于这种能够"忍辱负重"的朋友或部属,如果有什么重责大任交给他,有什么艰巨任务托付他,他必定能帮你负担、承受。

所以,忍是一种力量,是一种智慧、是一种勇气,是一种承担,是一种认识;能忍的人,才有自己的人生。